So haben Sie mehr vom Euro

W0195558

Gebert & Gebert

So haben Sie mehr vom Euro

444 Tipps zum Sparen mit Spaß

Eichborn.

Alle Angaben ohne Gewähr,
Stand Herbst 2002

Dank an alle, die uns Tipps verraten haben.
Dank an unsere Lektoren Frau Waltraud Berz und Herrn Oliver Domzalski.

1   2   3   04   03

© Eichborn AG, Frankfurt am Main, Februar 2003
Umschlaggestaltung: Christina Hucke und Moni Port
Lektorat: Oliver Thomas Domzalski
Layout: Tania Poppe
Gesamtherstellung: Fuldaer Verlagsagentur, Fulda

ISBN 3-8218-3772-1

Verlagsverzeichnis schickt gern:
Eichborn Verlag, Kaiserstr. 66, D-60329 Frankfurt am Main
www.eichborn.de

Inhaltsverzeichnis

Sparsame Worte vorneweg

Kennen Sie die Familie Spar? Sie ist eine wahre Meisterin im Weniger-Geld-Ausgeben – ohne dabei auf etwas verzichten zu müssen. Die Spars sind eine lustige Familie; sie wird Ihnen bekannt vorkommen: Monika und Dieter mit ihren Kindern Marcel und Nadine haben sich gerade ein Haus am Stadtrand gekauft. Die monatlichen Raten sind hoch, doch die Spars können trotz der finanziellen Belastung ihren Alltag genießen, schöne Urlaubsreisen unternehmen, sich im Restaurant verwöhnen lassen oder ihren Hobbys nachgehen. Wodurch ihnen dies gelingt? Die Spars haben eine Menge Tricks, durch die sie im Jahr mehr als 5000 Euro sparen können – ohne dabei geizig sein zu müssen. Wir haben die Spartipps und -tricks in diesem Buch zusammengetragen.

5000 Euro im Jahr übrig behalten! Das sind mehr als 400 Euro im Monat, die Sie verprassen oder in einer sinnvollen Altersvorsorge anlegen könnten. Und dabei haben wir ganz bewusst pro Tipp die niedrigste Ersparnis angesetzt oder bei manchen Tipps gar nicht mitgerechnet, wie viel Geld Sie tatsächlich sparen können. Zum Beispiel kauft man sich nicht jedes Jahr ein Auto. Doch sollten Sie beim Autokauf einen unserer Spartipps anwenden, geben Sie noch einmal hunderte von Euro weniger aus.

Die Spars machen es Ihnen vor, wie man zum Beispiel für einen Kleiderschrank statt 500 Euro weniger als 250 Euro bezahlt oder wie man Insekten vertreibt – ohne den Einsatz von Geld und Chemie. Die Spars wissen, auf welche Weise man im Urlaub fast umsonst wohnen kann, wo Haare von Profis kostenlos frisiert werden, wo ein Babysitter statt 8 nur 1 Euro kostet und wann das Brot beim Bäcker für die Hälfte zu haben ist. Mit den Tipps der Spars wird Ihre Energierechnung drastisch gesenkt und die Wasseruhr den niedrigsten Stand seit Jahren anzeigen; dadurch tun Sie übrigens auch etwas für die Umwelt. Sie zahlen für all das nur 1,7 Cent pro Tipp, sparen aber bei Anwendung eines einzigen Tipps durchschnittlich 11 Euro und haben also die Ausgabe für dieses Spartippbuch schon mehr als doppelt wieder heraus.

Der Kauf dieses Buches ist also ein absolutes Schnäppchen. Herzlichen Glückwunsch!

Einkauf

Tricks im Supermarkt

Wenn Dieter durch den Supermarkt geht, greift er immer die Dinge aus dem Regal, die ihm zuerst ins Auge fallen. Und dies sind meist die teuersten Waren! Nichts im Supermarkt ist zufällig platziert. Düfte, Musik und Licht werden eingesetzt, damit die Kunden mehr kaufen. Dieters Frau lässt sich nicht so leicht verführen. Monika sieht in den Regalen auch weit unten oder oben nach, wo sie garantiert preisgünstigere Waren findet. Außerdem geht sie nie ohne Einkaufszettel oder hungrig in den Supermarkt, denn auch das verführt zu Käufen, die man eigentlich gar nicht tätigen wollte.

Bäcker-Bonusheft

Heute braucht Monika in der Bäckerei nicht zu bezahlen! Immer wenn sie hier im Wert von 2,50 Euro einkauft, bekommt sie einen Stempel in ihr Bonusheft. Ist das Heft voll, schenkt ihr der Bäcker ein Brot ihrer Wahl. In diesen Genuss kommt die Familie Spar mindestens zwanzigmal im Jahr.

ERSPARNIS: € 50

Einkaufstaschen

Monika geht nie ohne einen Stoffbeutel aus dem Haus, denn wenn sie nur zwei große Plastiktüten pro Woche kaufen würde, belastete das die Haushaltskasse im Jahr mit 25 Euro. Für den Großeinkauf hat Dieter immer einen stabilen Karton im Kofferraum seines Autos.

ERSPARNIS: € 25

ALDI-Großeinkauf

Die Zeiten sind lange vorbei, dass man bei dem Geständnis, auch bei ALDI einzukaufen, peinlich berührt sein musste. Alle Welt tut dies, und auch Monika möchte ihre Großeinkäufe bei ALDI nicht missen, denn dort gibt es warengetestete Markenprodukte zu Spottpreisen. Würde die Familie dieselbe Menge an gleichwertigen Waren in einem anderen Supermarkt einkaufen, müsste sie bei jedem Einkauf ungefähr 10 Euro mehr an der Kasse bezahlen. Bitte die wöchentlich wechselnden Angebote beachten!

> ## ERSPARNIS: € 500

Selbst geschmiert

Bis vor kurzem ging Dieter in jeder Frühstückspause zum Kiosk und kaufte sich dort täglich sein Salamibrötchen für 2 Euro. Monika hat ausgerechnet, wie viel sie sparen könnten, wenn Dieter selbst geschmierte Brote mit ins Büro nehmen würde. Die Zutaten für ein Salamibrötchen, das dem am Kiosk gleichwertig ist, kosten nämlich weniger als die Hälfte. Bei 220 Arbeitstagen im Jahr:

> ## ERSPARNIS: € 250

Weinvorräte

Zu einem schönen Haus gehört auch ein Weinkeller oder wenigstens ein immer gut gefülltes Weinregal. Wenn Monika bei ihrem Händler 10 Flaschen Wein kauft, bekommt sie 1 Flasche geschenkt – für ihre Treue als Kundin. Klar, dass sie sich immer bei diesem Händler eindeckt.

Süßigkeiten an der Kasse

Für Monikas Nachbarin, Frau Ohde, wird spätestens im Kassenbereich jeder Einkaufsbummel zum Horrortrip. Denn an der Kasse befinden sich, gut sortiert, viele kleine teure Süßigkeiten, und ihre Zwillinge fangen jedes Mal an zu schreien, wenn sie nicht sofort etwas zu naschen bekommen. Leckereien werden im Supermarkt extra im Kassenbereich platziert, weil das Quengeln der Kinder einge-

plant, ja erhofft wird. Frau Ohde ärgert das. Ab sofort schließt sie mit ihren Kindern vor dem Einkauf einen Vertrag: Nur eine Süßigkeit darf mit – aus dem Regal und nicht aus der Kassenzone!

Happy Hour beim Bäcker

Eine halbe Stunde vor Ladenschluss wird Marcel noch einmal zur Bäckerei geschickt, denn jetzt gibt es dort alles zum halben (!) Preis. Dort kann man neben Brot auch schon die leckeren Brötchen für den nächsten Morgen oder den teuren Kuchen für den Kaffeebesuch am nächsten Tag einkaufen. Vier Stücke Kuchen kosten jetzt nur noch 2,50 Euro. Wenn man die Happy Hour das Jahr über nur einmal pro Woche nutzt:

> ERSPARNIS: € 100

Hausmarken-Produkte

Oma Spar kauft preiswerte Hausmarken-Produkte und füllt diese heimlich in leere Gefäße von Markenprodukten um. Ihre Freundinnen fallen immer wieder auf diesen Trick herein und loben zum Beispiel das besonders hautfreundliche Spülmittel oder den köstlichen Geflügelsalat der Marke X. Monika ist da viel selbstbewusster. Soll ruhig jeder sehen, dass sie viele Hausmarkenprodukte kauft. Die sind qualitativ oft genauso gut wie Markenartikel – kosten aber meist nur die Hälfte.

> ERSPARNIS: € 80

Schnäppchenmärkte

Wenn Monika einen Stadtbummel unternimmt, begibt sie sich grundsätzlich zuerst in den Schnäppchenmarkt ihres Lieblingskaufhauses. Hier gibt sie für Markenartikel bis zu 60 Prozent weniger aus.

Katalogbestellungen

Monika kann nicht ohne ihre Versandhauskataloge leben. Zum Aufgeben der Bestellungen trifft sie sich mit Freundinnen zur gemütlichen Kaffeerunde. Sammelbestellungen können bis zu 35 Prozent Rabatt bringen.

Kontaktlinsen-Pflegemittel

Dieter ist eitel. Kaum jemand weiß, dass er Kontaktlinsen trägt. Monika jedoch wird immer wieder sehr deutlich darauf aufmerksam gemacht, nämlich dann, wenn sie Kontaktlinsen-Pflegemittel für ihren Mann einkauft. Die Preise für ein und dasselbe Produkt können Unterschiede bis zu 50 Prozent aufweisen. Monika vergleicht daher sehr genau.

> ### ERSPARNIS: € 7

Schnäppchenführer

Ohne »Schnäppchenführer« darf Dieter nicht auf Dienstreise fahren. Ob er einen neuen Anzug oder die Kinder neue Turnschuhe brauchen, wird vorher im Familienrat besprochen. Ein Anzug von Hugo Boss kann im Fabrikverkauf bis zu 75 Prozent weniger kosten als im normalen Geschäft. Turnschuhe von Adidas kann man für 50 Prozent weniger bekommen. Bei vier bis fünf Anschaffungen im Jahr:

> ### ERSPARNIS: € 500

Handeln

Handeln ist nicht Dieters Stärke. Im Urlaub in der Türkei oder in Tunesien bezahlt er auf dem Basar immer sofort die Preise, die ihm die Verkäufer nennen. Auf die Idee, sogar in Deutschland zu handeln, würde Dieter erst recht nicht kommen. Deswegen muss seine Frau bei größeren Anschaffungen immer dabei sein. Monika hat nämlich den Mut, z. B. bei Barzahlung Rabatt zu fordern.

Auch Ausstellungsstücke und Auslaufmodelle sind oft billiger zu haben.

Bio-Lebensmittel

Nadine möchte nur noch Lebensmittel aus ökologischem Anbau essen. Manche Reformhäuser und Bioläden bieten für eine monatliche Gebühr eine »Mitgliedschaft« an. Dafür kann man dann alle Waren 20 Prozent ermäßigt einkaufen.

Einkauf in der Tankstelle

Wenn Dieter nach Feierabend auf dem Heimweg etwas einkaufen soll, erledigt er dies am liebsten in der Tankstelle. Monika rechnet ihm vor, dass das viel teurer als im Supermarkt ist. Für das herausgeworfene Geld könnten sie sich lieber einen netten Abend im Restaurant machen.

Gratispostkarten

Ansichtskarten sind teuer. Zusammen mit Porto kostet ein Kartengruß mehr als 1 Euro. In vielen Städten findet man in Restaurants und Kultureinrichtungen Gratispostkarten, vor allem mit Künstlermotiven. Wenn Nadine mit ihrer Freundin »auf die Piste geht«, bringt sie immer einen Stapel Postkarten mit nach Hause. Bei nur zwanzig Postkarten im Jahr:

> ERSPARNIS: € 10

Parfüm

Monika liebt besondere Düfte – für sich selbst oder auch als Geschenk. Wenn sie Parfüm kaufen möchte, geht sie nicht ins nächstbeste Geschäft, sondern in einen Parfümdiscounter, wo alle Marken viel billiger sind.

Lebensmittelgroßpackungen

Oma Spar ist Single. Doch auch sie nutzt den Preisvorteil von Großpackungen bei Fleisch, Eis und anderen Waren. Oma Spar packt alles in kleine Portionen ab und verstaut diese dann in ihrem Gefrierschrank.

Nach Weihnachten ...

Wenn unter dem Weihnachtsbaum noch die Geschenke liegen, zieht Monika schon wieder durch die Kaufhäuser, um neue Überraschungen zu besorgen: Skier für Dieter, Inlineskater für Marcel oder eine Vase für Oma zum Geburtstag ... Kurz nach Weihnachten ist vieles stark reduziert!

Teure Klamotten

Monika ist schon lange der Ansicht: Lieber drei besondere, ruhig auch teurere Pullis als zehn, die man gar nicht so richtig mag und nur gekauft hat, weil sie so schön billig waren. Letztlich hat man dann doch die gleiche Menge Geld ausgegeben. Das gilt auch für Schuhe, Taschen, Blazer u. a. Und Monika achtet zunehmend darauf, dass sie alle Sachen selbst waschen kann. Rechnet man nämlich auf den hohen Anschaffungspreis noch Kosten für die chemische Reinigung, dann wird's wirklich teuer.

Autokauf

Für Dieter steht fest: Wenn er wieder einmal einen neuen Wagen kaufen will, dann geht er zu einem EU-Importeur und kauft das Auto dort. EU-Importeure (stehen im Branchenbuch) sind Autohändler, die jedes gewünschte Modell im europäischen Ausland bestellen und liefern können. Weil Autos in den meisten Ländern wesentlich billiger sind als in Deutschland, beläuft sich dann auch für den deutschen Kunden die Ersparnis auf mehrere tausend Euro!

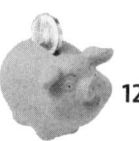

Der neue Fernseher

Der Fernsehapparat der Familie Spar hat sein Leben ausgehaucht – und in drei Tagen ist Europacup-Endspiel! Dieter will also keine Zeit verlieren und bestellt umgehend beim Händler ein Traumgerät für 1150 Euro. Monika macht die Bestellung wieder rückgängig – sie hat nämlich schon längst eine Preisagentur beauftragt, die das gleiche Gerät für 715 Euro besorgen wird. Preisagenturen gibt es in jeder größeren Stadt – sie stehen im Branchenbuch. Ersparnis: 435 Euro, allerdings erhält die Preisagentur als Provision ein Drittel hiervon.

> ERSPARNIS: € 290

Kleiderschrank

Nadine braucht einen größeren Kleiderschrank. Der kostet im Möbelgeschäft mindestens 500 Euro. Da kauft Dieter lieber ein preiswertes Regalsystem (für Keller oder Boden) aus Holz. Er befestigt an der Decke und auf dem Fußboden in Nadines Zimmer Schiebetürschienen, in die er zwei mit Futterstoff (oder auch anderen Stoffen wie z. B. Nessel) bespannte Rahmen einfügt. Dahinter baut er das Regalsystem mit Fächern und Kleiderstangen ein. Nadine ist begeistert, weil ihr neuer Schrank nicht ein plumper aus Holz oder Spanplatte, sondern ein »echt japanischer« geworden ist.

> ERSPARNIS: MEHR ALS € 250

»Kostnix«-Laden

In Hamburg gibt es einen Laden, in dem jeder mitnehmen und abgeben kann, was er möchte – einfach so. Die Idee von »Kostnix«: Gebrauchte Sachen sollen weiter genutzt statt weggeworfen werden. Niemand darf mehr als drei Teile mitnehmen. Es funktioniert. Dinge, die rausgehen, werden ausgeglichen durch wunderbare Dinge, die reinkommen – Tassen, Teller, Lampen, Schallplatten, Spielzeug,

Geräte etc. Erkundigen Sie sich mal! Vielleicht gibt es ja auch in Ihrer Stadt solch einen tollen Laden.

Stapelware

Mit etwas Widerwillen packt Dieter auf Anweisung seiner Frau den Einkaufswagen voll, denn er versteht nicht, weshalb man sich heutzutage mit Seife, Zahncreme und Waschpulver bevorraten sollte. Zu Hause rechnet Monika ihrem Liebsten vor, wie viel Geld man sparen kann, wenn man bei derartigen Waren statt einzelner Stücke Stapelware kauft.

> **ERSPARNIS: € 25**

Wochenmarkt

Zum Samstags-Wochenmarkt geht Monika nach Möglichkeit erst kurz vor Schluss. Dann bekommt sie nämlich Obst, Gemüse und Blumen häufig zum halben Preis, weil die Händler diese frischen Waren ungern wieder einpacken und bis zum Wochenanfang einlagern wollen.

> **ERSPARNIS: € 100**

Auktionen

Monika sucht seit langem nach einem antiken Spiegel für ihren Flur. Dieter schenkt seiner Frau zum Geburtstag einen »Ausflug« ins Auktionshaus. Monika verliebt sich in einen traumhaften Spiegel und ersteigert ihn. Die ganze Atmosphäre während der Auktion ist für sie ein besonderes Erlebnis.

(Vor Versteigerungen finden Vorbesichtigungen statt. Also auf jeden Fall vorher die Sachen begutachten und sich gleich eine Höchstgrenze setzen, die man beim Ersteigern nicht überschreiten will.)

Schauen Sie im Internet auch einfach mal auf der Seite www.ebay.de vorbei. In diesem »Online-Auktionshaus« können Sie Sachen aller

Art ersteigern, ohne einen Fuß vor die Tür setzen zu müssen. Auf die besondere Atmosphäre einer leibhaftigen Versteigerung müssen Sie dann zwar verzichten, aber Nervenkitzel ist auch hier garantiert.

Heizung & Strom & Gas

Stand-by ist out!

Nadine hat gelesen, dass in Deutschland mindestens ein Atomkraftwerk abgeschaltet werden könnte, wenn alle Menschen ihre technischen Geräte richtig ausschalten würden, statt sie im »Stand-by«-Modus laufen zu lassen, wo sie immer noch Strom verbrauchen. Und nicht nur das! Durch das Abschalten von Computern, Fernsehgeräten und Hi-Fi-Anlagen kann man pro Haushalt sehr viel Geld sparen.

ERSPARNIS: MINDESTENS € 50

Schnellkochtopf

Zu Weihnachten lässt sich Monika von ihrer Schwiegermutter einen neuen Schnellkochtopf schenken. Schnellkochtöpfe sparen fast die Hälfte der Energie ein, die man bei der Zubereitung von Speisen mit herkömmlichen Töpfen verbrauchen würde.

Schöne Töpfe

Es zahlt sich ebenfalls aus, dass Monika bei der Anschaffung ihrer Töpfe neben der Qualität auch auf das sehr geschmackvolle Aussehen geachtet hat. So spart sie sich bei fast jeder Mahlzeit das Umfüllen in Schüsseln. Das wiederum spart Zeit, Wasser und Strom beim Abwasch.

Bügeln

Wenn Dieter bügelt, wird Monika nervös, z. B. wenn er zwischendurch seelenruhig telefoniert. Monika zieht dann schnell den Stecker des Bügeleisens aus der Dose. Gleichzeitig kontrolliert sie, ob ihr Mann nicht zu feucht oder zu trocken bügelt, denn auch das kostet unnütz viel Strom.

Gasflammen

In einer Sache waren die Ohdes schlauer als die Spars: Sie haben bei der Ausstattung ihres Hauses darauf geachtet, dass sie zukünftig mit Gas kochen werden – anstatt mit teurem Strom. Einziger »Trost« für Monika: Frau Ohde lässt beim Kochen oft die Gasflamme an den Seiten der Töpfe hochschlagen. Das ist Verschwendung!

Waschmaschine und Geschirrspüler

Auch wenn die neue Waschmaschine beim Kauf etwas teurer war als die meisten anderen: Dafür hat sie eine hohe Schleuderleistung, und das bedeutet weniger Stromverbrauch beim Trocknen im Tümmler. Außerdem hat Monika darauf geachtet, dass das Gerät eine Energiespartaste hat. Ein niedriger Energie- und Wasserverbrauch ist selbstverständlich auch ein wichtiges Kriterium für die Wahl eines neuen Geschirrspülgerätes.

Kurze Vorhänge

Zuerst war Monika überrascht, als ihre Schwiegermutter ihr zum Einzug kurze und keine langen Vorhänge schenkte. Oma Spar hatte sich jedoch etwas dabei gedacht: Da die Heizkörper unter den Fenstern angebracht sind, würde sich die Wärme bei langen Vorhängen nicht gut genug in den Räumen verteilen, sondern sich hinter den Vorhängen stauen.

Gluckernde Heizungen

Als Dieter seine Mutter zum Kaffee besucht, empfängt diese ihn mit Eimer und Zange. Oma Spars Heizungen »gluckern«. Dieter öffnet die Ventile, stellt einen Eimer darunter und wartet, bis die Luft entwichen ist. Als gleichmäßig Wasser aus dem Ventil fließt, schließt er es wieder. Jetzt kann er mit seiner Mutter ohne störende Geräusche Kaffee trinken, und die Heizungen erwärmen die Wohnung wieder ohne Energieverlust.

Wärmedämmung

Im Gegensatz zur Familie Spar haben die Ohdes beim Bau ihres Hauses an Decken und Wänden eine vernünftige Wärmedämmung vorgenommen. Die Spars versuchen ihr Versäumnis abzumildern, indem sie Türen und Fenster sehr sorgfältig abdichten.

Geschirrspülmaschine

Oma Spar glaubt einfach nicht, dass eine Geschirrspülmaschine tatsächlich wasser- und stromsparender sein kann als das Spülen von Hand. Monika jedoch ist sich da sicher, denn von Hand müsste sie bei ihrer Familie dreimal pro Tag abwaschen. Die Maschine dagegen stellt sie nur einmal an, nämlich dann, wenn sie richtig voll ist. Außerdem hat Monika durch den Geschirrspüler immer eine aufgeräumte Küche und viel mehr Zeit für ihre Lieben. Oma Spar sollte einmal ausrechnen, wie viele Stunden seines Lebens man mit einer Tätigkeit wie Abwaschen vertut – am Tag, in der Woche, im Monat, im Jahr! Diese Zeit kann Monika wirklich besser nutzen. Zeit ist Geld!

Vorheizen

In ihren ersten Jahren als Hausfrau und Mutter hätte Monika kaum gewagt, sich über die Vorschriften aus Koch- und Backbüchern hinwegzusetzen. Heute weiß sie z. B., dass man auf das Vorheizen beim Kuchenbacken verzichten kann. Auch sollte man den Ofen fünf bis zehn Minuten vor Back- oder Bratende ausstellen und Energie sparen, indem man die Nachwärme nutzt. Das Essen gelingt trotzdem gut.

Garzeiten

Blumenkohl und Brokkoli haben lange Garzeiten. Deshalb schneidet Monika die Stiele vor dem Kochen kreuzweise ein. So verringert sich die Garzeit und dadurch der Energieverbrauch.

Spar-Singles

In Monikas Nachbarschaft ziehen immer wieder Leute ein und aus. Momentan teilen sich zwei Singles das Haus. Zwei Waschmaschinen, zwei Trockner, zweimal Grundgebühren für Strom und Wasser etc. Und das, obwohl die allein stehenden Nachbarn kaum zu Hause sind. Wenn Monika diesen Singles etwas raten dürfte: Keine doppelten Geräteparks anschaffen, sondern große Geräte – wie zum Beispiel Waschmaschinen – *gemeinsam* nutzen!

Lüften im Winter

Monika ist eine Frischluftfanatikerin. Sie fühlt sich nur wohl, wenn jederzeit wenigstens ein Fenster einen Spalt breit geöffnet ist. Doch im Winter kostet das enorm viel Heizenergie. Lieber ab und zu das Fenster weit öffnen und richtig durchlüften.

Abtauen

Wenn Marcel sich Eis aus dem Gefrierfach holt, lässt er die Tür vom Gefrierfach häufig viel zu lange offen stehen. Dadurch vereisen Frostfächer stark. Regelmäßig kontrolliert Monika, ob sie den Kühl- oder Gefrierschrank mal wieder abtauen muss, denn eine zwei Millimeter dicke Eisschicht erhöht den Stromverbrauch bereits um 10 Prozent.

Töpfe und Deckel

Monika nimmt zum Kochen immer die kleinstmöglichen Töpfe und so wenig Wasser wie möglich. Sie legt stets Deckel auf die Töpfe, denn auch das spart Energie – und Zeit.

60 statt 100 Watt

Immer diese Festbeleuchtung im Hause Spar! Monika ersetzt heimlich nach und nach die 100-Watt-Glühlampen durch 60-Watt-Birnen. Ihren Lieben fällt das gar nicht auf, weil es in den Räumen fast genauso hell ist wie vorher. Auf diese Weise werden 60 Prozent Energie gespart.

Kühlschrank

Ein- bis zweimal im Jahr entstaubt Oma Spar das Gitter an der Rückseite ihres Kühlschrankes. Außerdem säubert sie das Dichtungsgummi mit reinem Alkohol und reibt es danach mit einem Gummipflegemittel ab. Dadurch bleibt der Kühlschrank dicht und verbraucht weniger Energie.

Geräte ein- und ausstellen

Wenn Familie Spar ins Wochenende fährt, fragt sich Monika nach ein paar Metern: Habe ich auch den Herd ausgestellt? Und den elektrischen Warmwasserspeicher, weil der sonst unnütz Strom verbraucht? Und die Heizung? will Dieter wissen. Nein, die Heizung muss auf kleiner Stufe anbleiben! Im Winter einen total ausgekühlten Raum wieder aufzuheizen kostet nämlich sehr viel Energie.

Eierkochen

Monika und ihre Schwiegermutter streiten, seit sie sich kennen, darüber, welche die beste Methode des Eierkochens sei. Oma Spar hat die energiesparendste Art parat. Sie legt das Ei in kaltes Wasser, kocht das Wasser auf und schaltet dann sofort die Platte aus. Das Ei lässt sie im heißen Wasser noch zwei bis drei Minuten liegen, dann ist es fertig.

Akkus

Schon wieder sind die Batterien von Marcels ferngesteuertem Auto leer. Der ständige Neukauf von Batterien kostet sehr viel Geld und schadet der Umwelt. Monika kauft ein Ladegerät mit wiederaufladbaren Batterien (Akkus). So schont man die Haushaltskasse der Familie – und die Umwelt.

Einbauschrank

Ein Einfamilienhaus hat viele Außenwände, die im Winter sehr kalt werden können. Deswegen hat Dieter genau dort den Einbau von

Schränken geplant. Wandschränke schaffen nicht nur viel Stauraum, sondern isolieren auch. Das spart Heizenergie!

Nachtstrom

Als stolze Hausbesitzerin darf Monika Dinge tun, die in Mietshäusern meist ausgeschlossen sind: zum Beispiel in der Nacht Geschirr spülen und Wäsche waschen. Dieter installiert eine Zeitschaltuhr. Nachtstrom ist nämlich wesentlich billiger als Tagstrom.

Kaffeekochen

Bei Oma Spar bekommt man jederzeit ein Tässchen Kaffee angeboten. Kaffee aus der Maschine füllt sie in eine Thermoskanne um, statt ihn stundenlang auf der Heizplatte zu wärmen. Das spart Strom, und außerdem schmeckt der Kaffee so einfach besser.

Elektrisches Kochen

Kurz vor Ende der Kochzeit stellt Monika ihre elektrischen Herdplatten aus. Das bringt eine Einsparung von 10 Prozent, und das Essen kocht trotzdem zu Ende.

Heizung

Oma Spars Wohnung ist meist überheizt. Monika rechnet ihrer Schwiegermutter vor, dass nur *ein* Grad weniger Raumtemperatur sechs Prozent Heizkosten spart. Außerdem ist kühlere Raumluft viel gesünder. Ideal: Wohnräume 19–20 Grad, Schlafzimmer 16–18 Grad.

ERSPARNIS: € 90

Wasserkocher

Erst als Monika ihrer Schwiegermutter einen Wasserkocher schenkt, ist diese bereit, sich endlich von ihrem alten Teekessel zu trennen. Wasserkocher verbrauchen viel weniger Strom als Teekessel!

Batterien

Oma Spars kleines Küchenradio läuft noch batteriebetrieben. Wenn sie bemerkt, dass die Batterien schwächer werden, legt sie sie auf die warme Heizung und verlängert so deren Lebensdauer.

60°-Wäsche

90°-Wäsche kommt bei Monika nur noch im Ausnahmefall vor. Leicht verschmutzte Kochwäsche wird bei 60° genauso sauber wie bei 90°. So spart man 45 Prozent Strom.

Energiesparbirnen

Immer wenn im Hause Spar eine Glühbirne defekt ist, tauscht Dieter sie gegen eine Energiesparbirne aus. Diese Birnen sind zwar in der Anschaffung teurer als normale Glühlampen, halten aber bis zu achtmal länger und verbrauchen nur ein Fünftel Energie.

Ölheizung

Was kann man nur gegen hohe Heizölrechnungen tun? Von Nachbarn erfährt Monika einen Trick: Zweimal im Jahr den Heizungskessel reinigen! Schon die geringsten Ablagerungen von Ruß und Verbrennungsrückständen können hohe Wärmeverluste verursachen.

Alufolie hinter Heizkörpern

Früher klagte Oma Spar darüber, dass trotz sehr heißer Heizkörper ihre Zimmer nicht richtig warm wurden. Da Oma Spar in einem alten Haus wohnt, in dem es keine Wärmedämmung gibt, ließen die dünnen Wände zu viel kostbare Wärme nach draußen entweichen. Dieter befestigte hinter allen Heizkörpern Alufolie. Diese reflektiert die Wärme in die Räume. Oma Spar muss seitdem nicht mehr frieren, und es wird keine Wärmeenergie mehr vergeudet.

Warmwasserbereitung

Im Laufe der Zeit haben sich alle Familienmitglieder der Spars daran gewöhnt, nur zu bestimmten Zeiten zu duschen. Monika sieht nicht ein, die Warmwasserbereitung den ganzen Tag auf hoher Temperatur mitlaufen zu lassen. Durch die Einhaltung von bestimmten Duschzeiten braucht man das Wasser nur zu den Stoßzeiten richtig zu erwärmen. Das spart Energie.

Küchenplanung

Bei der Einrichtung der neuen Küche achtete Monika darauf, dass Gefrier- und Kühlschrank nicht neben Herd, Heizung oder Geschirrspüler stehen. Denn dort würden sie unnötig mehr Energie zum Kühlen verbrauchen.

Kochen

Marcel kann schon selbst Spaghetti kochen! Monika hat ihm aber auch beigebracht, dass man immer nur Töpfe und Pfannen benutzen sollte, die den Durchmesser der jeweiligen Herdplatte haben und deren Böden absolut eben sind. Das spart viel Energie.

Kühlschrank in den Ferien

Ferien! Familie Spar leert den Kühlschrank und zieht den Netzstecker heraus. Das spart Strom. Sie lässt die Kühlschranktür etwas offen stehen, damit sich kein Schimmelpilz bildet. Nicht verzehrte Lebensmittel wirft Monika nicht weg, sondern verschenkt sie an ihre Schwiegermutter oder lagert sie bei Frau Ohde im Kühlschrank, bis die Ferien zu Ende sind.

Bügeln

Beim Bügeln hat Monika eine eigene (energiesparende) Vorgehensweise: Zuerst nimmt sie sich die Leinenteile vor, dann schaltet sie das Bügeleisen herunter und bügelt empfindliche Sachen. Dann schaltet sie das Eisen aus und glättet mit der Restwärme kleine Teile wie Taschen- und Geschirrtücher.

Kuchenbacken

Zum Geburtstagskaffee backt Monika selbstverständlich selbst. Sie schiebt die verschiedenen Kuchen nicht nacheinander in den Ofen, sondern zur selben Zeit zwei zusammen: einmal Strom und Zeit gespart!

Haus & Garten

Korbmöbel

Die Korbmöbel aus dem Garten sehen so heruntergekommen aus, dass Monika am liebsten neue kaufen würde. Oma Spar setzt einer Seifenlauge etwas Wasserstoffperoxid zu und bürstet dann die Möbel damit ab. Nachdem sie die Möbel mit klarem Wasser abgespült hat, sind Tisch und Stühle – zu Monikas Erstaunen und Freude – wieder wie neu.

Trockenblumensträuße

Im Sommer holt sich Monika immer schöne frische Blumen aus dem Garten ins Haus. Doch sie lässt die Sträuße nicht so einfach in der Vase verwelken. Monika gibt dem Blumenwasser etwas Glyzerin bei, lässt die Blumen zwei Tage darin stehen und hängt dann den Strauß mit dem Kopf nach unten auf. So hat sie das ganze Jahr schöne Trockenblumen.

»Wind« gegen Maulwürfe

Sonntagmorgen. Dieter traut seinen Augen nicht. Sein schöner Rasen ist mit kleinen schwarzen Hügeln übersät. Ein Maulwurf! Wütend springt er auf den Haufen herum und überlegt, wie er das »Viech« ausrotten könnte. Marcel ist entrüstet, denn er liebt Maulwürfe. Jedes Kind, meint Marcel, weiß doch, dass Maulwürfe geräuschanfällig sind. Marcel steckt ein paar leere Flaschen in den Boden. Den Rest übernimmt der Wind, wenn er in die Öffnungen der Flaschen bläst. Der Maulwurf wird sich garantiert ein neues Revier suchen – eventuell bei der tierfreundlicheren Nachbarin ...

Tomatenpflanzen

Statt Blumen hat Oma Spar Tomatenpflanzen auf ihrem Balkon. Dazu hebt sie ein paar Kerne von gekauften Tomaten auf, drückt sie auf Haushaltspapier und lässt sie trocknen. Im Frühjahr legt Oma

Spar die Kerne mit dem Haushaltspapier in die Erde. Daraus wachsen kostenlose Tomatenpflanzen, deren Früchte nicht nur so schön rot wie Blumen leuchten, sondern auch gegessen werden können.

ERSPARNIS: € 10

Schubladen mit Kerze einreiben

Wie oft ärgert sich Monika über Schubladen, die klemmen. Seit sie die Gleitflächen mit einer Kerze einreibt, gehen die wie geschmiert. Seife sollte man jedoch nicht nehmen! Die zieht Feuchtigkeit an, und die Schublade klemmt bald noch schlimmer.

Tee gegen Blattläuse

Monika ist sehr stolz auf ihr neues Blumenfenster. Doch dann stellt sie fest, dass sich Blattläuse in den Pflanzen breit machen. Sie greift zum Insektenspray. Nadine kann nicht glauben, dass ihre Mutter den gesamten »Lebensraum« der Familie Spar verseuchen will. Gemeinsam kochen sie einen kräftigen schwarzen Tee, lassen ihn abkühlen und füllen ihn dann in eine Zerstäuberflasche. Schwarzer Tee hat beim Aufsprühen den gleichen insektenvertilgenden Effekt wie Gift – und kostet (fast) nichts.

ERSPARNIS: € 4

Ableger

Monika liebt Pflanzen. In ihrem ganzen Haus hat sie Grün- und Blühpflanzen und Kakteen. Die vermehren sich so, dass Monika mit den Ablegern bald nicht mehr weiß, wohin. Sie topft die kleinen Pflanzen um. Versehen mit einem schönen Übertopf (vom Flohmarkt) oder einer selbst gefertigten Papiermanschette, spendiert sie die Ableger ihren Kindern für die Klassenräume oder gibt Dieter welche mit ins Büro. Auch als Geschenk (zum Beispiel für die Freundin zum Einzug in eine neue Wohnung) sind sie hervorragend geeignet.

ERSPARNIS: € 15

Blumenkästen

Oma Spar ist stolz auf ihre Balkonkästen aus Holz. Ihr lieber Sohn Dieter hat sie ihr vor Gebrauch innen und außen mit Leinöl bestrichen – das sieht nicht nur schön aus, sondern macht das Holz auch widerstandsfähig.

Gießkannen

Geschmackvolle Gießkannen sind sehr teuer. Monika bräuchte in ihrem Haus mehrere davon, um all ihre Blumen auf den Fensterbänken mit abgestandenem Wasser gießen zu können. Sie kauft auf dem Flohmarkt schöne alte Kaffeekannen und verwendet diese zum Gießen.

Ameisen am Haus

Monika sitzt nur noch mit angezogenen Beinen auf der Terrasse. Ameisen! Gibt es auch dagegen etwas anderes als Insektengift? Nadine gibt ihrer Mutter den Tipp, Kerbel, Petersilie oder Holunderblüten auszulegen. Schon bleiben die Tierchen dem Haus und der Terrasse fern.

> ## ERSPARNIS: € 4

Ameisen im Haus

Man stellt eine kleine Schüssel oder eine Untertasse mit einer Mischung aus zwei Teilen Honig und einem Teil Hefe auf. Die Ameisen fressen gern Honig, aber an der Hefe gehen sie ein. Backpulver hilft ebenfalls gegen Ameisen. Einfach den Inhalt eines Tütchens dort verstreuen, wo die Ameisen ins Haus kommen.

Tomaten gegen Stechmücken

Eine Tomatenpflanze ins Schlafzimmer oder davor auf der Fensterbank abstellen und die lästigen Blutsauger kommen erst gar nicht herein.

Pfefferminzöl gegen Mäuse

Eine »unblutige« Art, Mäuse loszuwerden: einfach Pappstreifen auslegen, die mit Pfefferminzöl getränkt sind. Mäuse hassen Pfefferminzgeruch und verschwinden sofort.

Essigdampf verjagt Fliegen

Ganz besonders unangenehm und unhygienisch sind Fliegen in der Küche. Einfach einige Tropfen Essigessenz auf eine warme Herdplatte geben und die Fliegen verschwinden.

Motten

Motten hält man mit klein geschnittenen Orangenschalen und Gewürznelken aus dem Kleiderschrank.

Kellerregal

Besonders schön ist es nicht, das neue Kellerregal – aber zweckmäßig und fast kostenlos. Dieter besorgte sich aus einer Firma kostenlose hölzerne Verpackungskisten in verschiedenen Größen und stellte diese mit der Öffnung nach vorn übereinander. Um dem Turm Halt zu geben, verschraubte er auf der Rückseite zwei übrig gebliebene Dachlatten quer.

> **ERSPARNIS: € 40**

Obstbäume

Frau Ohde betont immer wieder, dass ihren 500-Quadratmeter-Garten ein Landschaftsarchitekt gestaltet hat. Alles blüht! In Spars Garten jedoch tragen die Bäume und Sträucher nicht nur Blüten, sondern später auch noch Früchte! Monika hat vor allem Obstbäume angepflanzt. Kirschen, Birnen und Quitten sehen schön aus und sparen über die Jahre sehr viel Geld beim Obsteinkauf.

Kassettenband gegen Stare

Kaum tragen die Kirschbäume reife Früchte, fallen die Stare darüber her. Die Zeiten, in denen Dieter mit dem Luftgewehr auf Vögel schoss, sind glücklicherweise vorbei. Nadine opfert ein altes Ton- oder Kassettenband und wickelt es in den Baum (oder spannt es zwischen Pflöcken an einem Beet entlang). Das Band dreht sich im Wind und blinkt dadurch auf. Das vertreibt die Vögel – auf sehr tierfreundliche Weise.

Laub

Mit dem Haus kam der Garten, und mit dem Garten begann für Dieter die Verpflichtung zum Laubharken. Dieter hasst diese Arbeit. Doch Monika freut sich, weil sie die alten Blätter auf ihrem Komposthaufen lagern kann. Bis zum kommenden Frühjahr entstehen daraus kostenlos Dünger und Erde.

Bananenschalen

Die einzigen Tiere, die mit Vorliebe Bananenschalen fressen, sind Esel. Aber wer hat schon einen Esel? Monika verwendet Bananenschalen als Rosendünger! Dafür hackt sie die Schalen klein.

ERSPARNIS: € 3

Müllgebühren

Als die Ohdes die Spars fragten, ob sie sich gemeinsam einen Komposthaufen anlegen wollen, war Monika schnell überredet. Rund ein Drittel des Hausmülls besteht aus kompostierbaren Substanzen. Spars und Ohdes können nun für den Rest kleinere Mülltonnen benutzen und dadurch wiederum Müllgebühren sparen.

Pinsel und Rollen

Im neuen Haus fallen immer noch gelegentlich Malerarbeiten an. Damit Dieter seine teuren Pinsel und Schaumstoffrollen auch später wieder zum Malen verwenden kann, umschließt er sie nach Benutzung luftdicht mit einer Plastiktüte. Pinsel und Rollen werden auf diese Weise nicht hart, und man spart auch den Kauf von Terpentin.

> ERSPARNIS: € 3

Hart gewordene Pinsel

Ein hart gewordener Pinsel wird wieder weich, wenn man ihn in kochendes Essigwasser legt. Wenn er weich ist, spült man mit Seifenlauge nach.

Die Tür als Tisch

Alte, glatte Türen gibt in der Reihenhaussiedlung der Spars niemand auf den Sperrmüll, denn sie eignen sich bestens als Arbeits-, Spiel-, Bastel- oder Nähtisch. (Auf ein Podest aus Ziegelsteinen oder zwei schmalen Containern legen.)

Klumpige Farbe

Dieter stellt verärgert fest, dass die Farbe, mit der er die Haustür nachstreichen möchte, klumpig geworden ist. Sein Nachbar hat den rettenden Tipp: Er holt eine alte Strumpfhose seiner Frau und gießt die Farbe hindurch. Alle Klumpen verfangen sich wie in einem feinen Sieb.

> ERSPARNIS: € 6

Schnecken

Trockener Kaffeesatz im Garten wirkt gut gegen Schnecken.

Vertreibung von Schildläusen

Zur Vertreibung der lästigen Schildläuse benutze man Wasser mit einem Spritzer Neutralseife und einem Schuss Spiritus. Nach zwei- bis dreimaligem Aufsprühen sind die Schildläuse ausgetrocknet und fallen von der Pflanze.

Renovieren

Als Familie Spar aus ihrer Wohnung ins neue Haus umzog, musste sie sich leider noch mit ihrem ehemaligen Vermieter streiten. Der hatte im Mietvertrag festgehalten, dass für Renovierungsarbeiten in der Wohnung nur ein Fachmann (Malermeister) in Frage kommen sollte. Doch diese Klausel ist ungültig (laut OLG Stuttgart REWM 93.528). Monika und Dieter renovierten selbst und hoben als Nachweis alle Materialrechnungen auf. Selbst renovieren ist viel billiger!

Drahtkleiderbügel

Monika wünscht sich am ganzen Haus Kletterpflanzen. Als Spaliere verwendet sie ausrangierte Drahtkleiderbügel (zum Beispiel aus der Reinigung).

Algen und Moos

Auf den Steinen der schönen neuen Terrasse bilden sich Algen und Moos. Monika hebt Kartoffelwasser auf und entfernt die Beläge damit. Das ersetzt die chemischen Mittel.

ERSPARNIS: € 6

Knarrende Dielen

Oma Spar kommt nicht mehr in den Schlaf. In der Wohnung über ihr knarren die Dielen. Sie bittet die Nachbarn, Talkumpuder (gibt es in Apotheken) in die Ritzen zwischen den Dielen zu streuen, und schon kann Oma Spar wieder ruhig schlafen.

Preiswerte Türmatten im Winter

Alte Eierkartons sind saugstark und darum ideal als Tropfmatte für nasse und schmutzige Schuhe – und sie kosten nichts!

Graffiti

Dieter traut seinen Augen nicht. Graffiti an seiner schönen neuen Hauswand! Herr Ohde beruhigt ihn. Zum Entfernen einfach Azeton (aus der Apotheke) auf einen Lappen geben und damit alles kräftig abreiben. So spart man teures Antigraffitispray.

Geschenke

Stoffreste

Wie macht sie das nur? Oma Spars Geschenke sehen immer besonders schön eingepackt aus. Statt Papier nimmt Oma Stoffreste und schneidet sie – damit die Ränder nicht zerfransen – mit der Zackenschere zu. Auch ein schönes passendes Band lässt sich aus übrig gebliebenem Stoff herstellen.

Glückbringender Klee

Klee, nicht nur vierblättriger, gilt als glückbringendes Symbol. Monika pflanzt gerne roten oder weißen blühenden Klee (inzwischen gibt es auch rankenden) in Blumentöpfe um und hat so für viele Anlässe ein passendes Mitbringsel.

Alte Plakate und Landkarten

Nach dem Umzug ins neue Haus haben Monika und Dieter ihre alten Plakate und Landkarten aus der vorherigen Wohnung nicht wieder aufgehängt. Monika bewahrt diese aber auf und benutzt sie gelegentlich als Geschenkpapier. Vor allem bei Verpackungen großer Kartons sieht das sehr originell aus.

Lieblingsfilm und Lieblingsmusik auf Kassette

Wenn Nadine jemandem aus ihrer Klasse eine Freude machen will, nimmt sie dessen Lieblingsfilm oder Lieblingsmusik auf eine Kassette auf. Den Geschmack des zu Beschenkenden hat sie natürlich längst herausbekommen. Bei ihren Freunden kommen Nadines Geschenke immer gut an, weil sie so persönlich sind.

Caramellos

Diese Caramellos sind die Lieblings-Leckerei der Spars. Sie eignen sich auch prima zum Verschenken.

Zutaten:
1/4 l süße Sahne, 50 g Butter, 260 g Zucker, 2 Päckchen Vanillinzucker, etwas Butter für das Backblech
Sahne, Butter, Zucker und Vanillinzucker in einer großen Pfanne unter ständigem Rühren ca. 30 Minuten kochen, bis die Masse hellbraun und dicklich ist. Das Backblech mit Butter einfetten und den Teig gleichmäßig darauf verteilen. Wenn er halb fest ist, 1 cm große Quadrate einschneiden. Alle Häppchen müssen gut auskühlen, bevor sie vom Blech genommen werden können.

Tipp: Das Backblech mit Backpapier auslegen. Klarsichtfolie in kleine Quadrate schneiden und die fertigen Caramellos stilecht darin einpacken.

Lieblingsroman oder Lieblingsgeschichte

Was könnten die Kinder und Enkelkinder Oma Spar noch schenken? Sie hat doch schon alles! Nadine hat eine gute Idee: Sie betätigt sich als Vorleserin und nimmt einen Auszug aus Omas Lieblingsroman auf Kassette auf. Oma ist sehr gerührt. Für ihren »kleinen« Bruder liest Nadine eine Reihe Comicgeschichten auf Kassette, die Marcel dann auf seinem Recorder hören kann.

Geschenkgemeinschaft

Frau Ohdes Eltern haben Silberhochzeit und feiern ein großes Fest. Womit könnte man sie erfreuen? Das einzige, was das Silberpaar gern mal unternehmen möchte, ist eine schöne Reise. Frau Ohde gründet eine Geschenkgemeinschaft. Wenn alle geladenen Gäste zusammenlegen, kommt das Geld für eine Reise schnell zusammen – und wird nicht für unnütze und doppelte Kerzenleuchter, Vasen, Aschenbecher etc. verplempert.

Honig fürs Bad

Honig gehört in die Küche? Nein, nicht nur. Nadine etikettiert ein Glas flüssigen Honig neu – als luxuriösen Badezusatz für ihre gelegentlich gestresste Mutter.

Getrocknete Rosen

Zum Geburtstag bekommt Oma Spar meist viele Rosen geschenkt. Sie trocknet die Sträuße. Als Verzierung für Geschenkpäckchen legt sie später eine oder mehrere getrocknete Blüten obenauf. Sieht immer besonders schön aus.

Selbst gebackenes Brot

Wenn Frau Ohde auf eine Party eingeladen ist, nimmt sie statt der herkömmlichen Flasche Wein gern ein selbst gebackenes Brot als Mitbringsel mit. Rezepte dazu findet sie in der Bücherei.

Nie mehr Geld ausgeben für Geschenkanhänger

Weichnachtskarten, Osterkarten, Geburtstagskarten – davon flattern übers Jahr eine Menge ins Haus. Die Spars werfen sie nicht weg, sondern basteln daraus Geschenkanhänger. Auch Lesezeichen, Briefpapier oder dekorative Notizkarten kann man aus alten Karten herstellen.

Geschenkpapier

Marcel hat Geburtstag! Als er hastig seine Geschenke auswickeln will, bremst ihn seine Mutter liebevoll. Vorsicht, bitte, denn jeden Bogen unversehrtes Geschenkpapier, auch Geschenktüten und Schleifen, kann man wiederverwenden.

ERSPARNIS: € 10

Urlaubsvideo

Material: Videokamera, Videokassetten, Computer bzw. ein Videoschneidetisch (muss man nicht selbst haben, denn meist können Freunde einem damit aushelfen)
Nach den Ferien holt der Alltag die Spars schnell wieder ein und lässt die Erinnerungen an die schöne gemeinsame Reise bald verblas-

sen. Wie gut, dass Dieter viele Videoaufnahmen gemacht hat. An einem regnerischen Tag überrascht er seine Familie mit einem Film. Gemütlich sitzen Monika, Marcel, Nadine und Dieter zusammen und schauen sich die schönen Erlebnisse des letzten Sommers noch einmal an.

Kaffeedosen

Monika kauft nur selten Kaffeedosen. Die sind teuer und können viel belastenden Müll bereiten. Eine Dose genügt, weil man diese immer wieder nachfüllen kann. Fallen im Haushalt trotzdem leere Blechdosen an, beklebt Monika diese dekorativ mit (zum Inhalt passender) Folie und schenkt sie Marcel zum Aufbewahren von Stiften oder anderen kleinen Teilen im Kinderzimmer. Dieter kann leere Dosen gut zum Sammeln von Schrauben und Nägeln im Hobbykeller gebrauchen.

Urlaubstagebuch

Marcel hat während des Familienurlaubs heimlich ein Tagebuch geführt. Alle lustigen Episoden hat er mit Zeichnungen illustriert. Seine Eltern sind sehr gerührt, als sie von Marcel zu Weihnachten diese originelle Urlaubserinnerung überreicht bekommen.

Kostenlos verpackt

Geschenke wie z. B. Bücher lässt Monika sich immer gleich im Geschäft verpacken. Auch wenn sie etwas für den eigenen Bedarf kauft, verzichtet sie nicht aufs Geschenkpapier. So sichert sich Monika die kostenlose Verpackung für kommende Präsente.

ERSPARNIS: € 5

Schleifen

Schleifen (besonders für große Geschenke) sollten breit und sehr lang sein. Oma Spar schneidet dafür eine alte bunte Bluse (oder ein

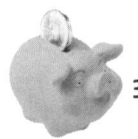

Herrenhemd) auseinander. So hat sie meterweise kostenloses Schleifenband.

Ein großer, bunter Blumenstrauß

Jedes Jahr steht Nadines Klasse vor dem gleichen Problem: Was sollen die Schüler ihrer Klassenlehrerin zum Geburtstag schenken? In diesem Jahr haben die Jugendlichen eine besondere Idee: Jeder von ihnen bringt eine langstielige Blume mit und überreicht sie der Lehrerin. So erhält sie einen großen, bunten und originellen Strauß, der außerdem ein sehr persönliches Geschenk ist (und jeden einzelnen Schüler nur wenig Geld gekostet hat).

Ein Dankeschön

Monika und Dieter drückt das schlechte Gewissen, denn sie sollten sich endlich bei den vielen Helfern bedanken, die ihnen beim Umzug ins neue Haus zur Seite standen. Doch für Präsente fehlt das Geld. Monika hat eine Idee: An einem schönen Abend spielt sie in ihrem Haus Restaurant. Sie fertigt eine Speisekarte an und bereitet für alle Helfer ein schönes Menü. Das wirkt sehr stilvoll und muss gar nicht teuer sein.

Unnütze Geschenke

Früher waren die Geschenke, die Monika von Oma Spar bekam, meist nicht nach ihrem Geschmack. Das Schlimmste war jedoch, dass Monika die Dinge nicht einfach verschwinden lassen konnte, weil Schwiegermutter sich garantiert eines Tages nach dem Verbleib des biederen Nachthemdes oder der kitschigen Vase erkundigen würde. Inzwischen hat Monika den Mut, sich zu größeren Anlässen auch von Oma etwas zu wünschen, etwas, das sie wirklich braucht oder sich selbst bisher nicht leisten wollte. Solche Geschenke machen sowohl Schwiegertochter als auch Schwiegermutter glücklich, denn keine hat mehr das Gefühl, dass Geld hinausgeworfen wurde.

Das persönliche Kochbuch

Monika Spar sammelt aus jeder Zeitschrift Kochrezepte zum Thema Italien. Nadine nimmt sich heimlich die Zettelsammlung und legt zum Muttertag ein Kochbuch an, ergänzt mit schönen Fotos oder Texten über Italien. Monika ist begeistert von diesem persönlichen Geschenk.

Spargelkraut

Blumensträuße – vom Floristen aufgebunden – sind teuer. Monika kauft schon seit langem nur Blumen im Fünfer- oder Zehnerpack und gestaltet die Sträuße dann selbst – mit dem Grün vom Spargelkraut.

Präsentkörbe

Präsentkörbe zu verschenken kommt einem heute eher altmodisch vor, doch das muss nicht sein! Denn wenn man den Inhalt eines Präsentkorbes selbst zusammenstellt (abgestimmt auf den Geschmack des zu Beschenkenden) und den Korb mit Blüten, Kerzen oder Zweigen dekorativ gestaltet, wird er zu einem luxuriösen, aber gar nicht teuren Geschenk. (Einen geeigneten Korb hat man vielleicht sogar noch auf dem Dachboden oder im Keller.)

Packpapier für Geschenke

Dieter hat Geburtstag und bekommt von seinen Lieben ein riesengroßes Geschenk. Zum Einwickeln würden sie mehrere Bogen Geschenkpapier benötigen, die in Sekundenschnelle zerrissen wären. Monika nimmt deshalb lieber Packpapier. Mit Hilfe ihrer Kinder geschmackvoll bemalt und beschriftet, sieht der eingewickelte Karton sehr schön aus.

> ERSPARNIS: € 3

38

Verschenken, was man doppelt hat

Obwohl die Spars gelernt haben, ihre Wünsche zu äußern, damit sie keine unnützen Geschenke mehr bekommen, sammeln sich mit der Zeit doch Mitbringsel an, die sie selbst nicht brauchen können oder doppelt bekommen haben. Sie tun all diese Gegenstände in eine Kiste. Wenn die Spars jemandem eine Freude machen wollen, lassen sie ihn in die Kiste langen und sich etwas nach seinem Geschmack und Bedürfnis aussuchen.

Geschenk-Gutscheine

Wenn Monika mal wieder so richtig knapp bei Kasse ist, macht sie sich wegen der Geschenkekauferei für Verwandte und Bekannte trotzdem keine Sorgen. Dann verschenkt sie »sich selbst« – also Gutscheine für Gefälligkeiten, die Monika selbst erbringen kann: zum Beispiel einen Gutschein für Babysitten, einen Gutschein für Hilfe beim Frühjahrsputz oder die Gestaltung und Bepflanzung eines Balkons.

Schöne Drucke

Oma Spar liebt ihren alten gerahmten Druck mit der Abbildung von Danzig. Monika kauft im Antiquariat (oder auf einem Flohmarkt) für wenig Geld einen alten Bildband über Omas Geburtsstadt, trennt die schönsten Drucke heraus und rahmt sie. Oma Spar ist selig, weil sie sich nun eine ganze Wand mit Ansichten ihrer Heimatstadt gestalten kann.

Kleine Meisterwerke

Wände in neuen Büros, Warteräumen, Spielzimmern können sehr kahl sein. Frau Ohde sammelt die schönsten selbst gemalten Bilder ihrer Zwillinge und verschenkt sie zu den verschiedensten Gelegenheiten – zum Beispiel zur Ausgestaltung des neuen Bürgertreffs im Wohngebiet. Kleine Meisterwerke von Kindern sind Originale, kostenlos und schöner als jeder Druck.

Flohmarkt in der Stadtbücherei

Mehrmals im Jahr finden in den Stadtbüchereien Flohmärkte statt. Die ausgemusterten Bücher, die es dort zu kaufen gibt, sind meist gar nicht veraltet und eignen sich zum Teil noch gut als Geschenk. Von den Kinderbüchern (pro Stück oft nur 50 Cent) kauft Frau Ohde eine Kiste und spendiert sie der Hortgruppe, der auch die Zwillinge angehören.

Der besondere Müllbehälter

Waschmitteleimer oder große Chips-Tonnen kann man gut bekleben (mit Kalenderblättern, Landkarten, Geschenkpapier) und als Papierkörbe oder Aufbewahrungsbehälter in Klassenräumen, Kinderzimmern, Werkstätten benutzen. Je nach Verwendungszweck das Papier zum Bekleben aussuchen.

Untersetzer

Vom Hausbau sind noch wunderschöne dekorative Kacheln übrig geblieben. Monika klebt ein Stück Filz darunter. Diese hitzebeständigen Untersetzer benutzt sie selbst oder nimmt sie als Geschenke für Frauen zu den verschiedensten Gelegenheiten.

Probeabos

Zeitungs- und Zeitschriftenverlage locken oft für ihre kostenlosen Probeabonnements mit einem schönen, praktischen Geschenk. Monika ist Meisterin im Probelesen. Die meist sehr geschmackvollen und modernen Uhren, Taschenrechner oder Schreibutensilien, die sie gratis dazu bekommt, verschenkt sie zu gegebenen Anlässen an Freunde oder Verwandte. (Kündigungsfristen einhalten, sonst hat man sich ungewollt ein Abo eingehandelt!)

Gerahmte Kalenderblätter

Ein Jahr ist vergangen und damit der schöne Janoschkalender der Kinder unaktuell geworden. Nicht wegwerfen! Wenn die Zwillinge

zu Kindergeburtstagen eingeladen sind, versieht Frau Ohde Kalenderblätter mit Wechselrahmen (vorher schneidet sie das Kalendarium ab). So entstehen mit wenig Aufwand Geschenke fürs Kinderzimmer. Im Posterladen würde man für eines dieser gerahmten Bilder eine Menge Geld bezahlen. Und ein Kalender hat *zwölf* Blätter!

Das eigene Konzert auf Kassette

Marcels Klavierspiel kann sich inzwischen hören lassen. Seit neuestem improvisiert und komponiert er. Pfiffig wie er ist, nimmt er sein eigenes Spiel auf eine Kassette auf und kopiert diese Aufnahme mehrmals. So hat er für Oma, Tante oder Onkel ein passendes Geschenk.

Dankeschön für Umzugshilfe

Den Einzug ins Reihenhaus bewältigten die Spars nicht mit einem teuren Umzugsunternehmen, sondern mit Freunden und Bekannten. Wie sich bei diesen freiwilligen Helfern bedanken? Die Spars boten alle Möbel und Haushaltsgegenstände, die noch gut erhalten, aber im neuen Zuhause nicht mehr unterzubringen waren, als Geschenk an. Und so zog nach dem Umzug jeder Helfer glücklich mit etwas Brauchbarem (Schuhschrank, Lampe oder Jalousie) nach Hause.

Konfitüre, Rumtopf und Likör

Wenn Oma Spar einen Rumtopf angesetzt hat, füllt sie einen Teil des Inhalts in besonders schöne Glasgefäße ab. Selbst gemachte Konfitüre, Rumtopf oder Likör kommen als Mitbringsel viel besser an als die meist üblichen Pralinen oder Blumen.

Haushalt

Destilliertes Wasser

Monika nutzt ihre Trockenmaschine nur, wenn sie wegen Regen draußen nichts aufhängen kann. Das Wasser, das sich in ihrem Kondenstrockner sammelt, benutzt sie für ihr Dampfbügeleisen. Das erspart nicht nur Geld, sondern auch die Schlepperei von schweren Wasserkanistern.

ERSPARNIS: € 10

Reißverschlüsse

An Marcels Jacke klemmt der Reißverschluss. Oma Spar ist sich sicher, dass er sich heute noch reibungslos auf- und zuziehen lassen würde, wenn Monika den Reißverschluss beim Waschen immer geschlossen hätte. Sie reibt den klemmenden Verschluss mit einem Tropfen Öl ein, und schon funktioniert er wieder. Weil Reißverschlüsse teuer sind, rät sie außerdem, aus Kleidungsstücken, die ausrangiert werden, unbedingt die Reißverschlüsse herauszutrennen, um sie bei Bedarf wiederzuverwenden und in andere Textilien einzusetzen.

Zitronenkerne

Zitronenkerne werden bei Familie Spar aufgehoben. Nadine steckt sie in Blumenerde. Nach vierzehn Tagen treiben die Kerne grüne Blätter, die man zum Salatwürzen verwenden kann. Außerdem sehen die Pflanzen schön aus und vertreiben lästige Fliegen.

Netze vom Obsteinkauf

Apfelsinennetze wirft Monika nicht in den Müll. Sie legt sie in ihren Karton mit Schleifenbändern und dekoriert später damit Geschenke. Obstnetze zu einem Knäuel gewickelt ersetzen auch bestens den Topfkratzer aus Edelstahl.

Wäschestärke

Oma Spar ist stolz darauf, dass sie noch nie in ihrem Leben Wäschestärke gekauft hat. Aus einem halben Liter Wasser und einem Teelöffel Speisestärke kocht sie einen Brei, verdünnt diesen mit kaltem Wasser und gibt das Ganze zum Spülen in die Waschmaschine. Tisch- und Bettwäsche, Oberhemden und Blusen werden dadurch bestens gestärkt.

Sprühdosen

Sprühdosen, die nicht mehr sprühen wollen, sind oftmals gar nicht leer. Man stellt sie über Nacht auf den Kopf und kann dann tags darauf den Restinhalt entleeren.

Seifenreste

Oma Spar findet diese riesigen Flaschen mit flüssiger Handseife unnütz. Für den Anschaffungspreis *eines* solchen Seifenspenders könne man ja mehrere Stücke Handseife kaufen. Vor der Benutzung kann man richtige Seife außerdem zwischen der Wäsche im Kleiderschrank lagern, wo sie guten Duft verbreitet. Wenn die Stücke später dann beinahe verbraucht sind, kann man die Seifenreste direkt in die nächste Waschmaschinenfüllung geben, wodurch man Pulver spart und der Wäsche einen guten Duft gibt.

Gefrierbeutel

Auf Monikas Wäscheleine hängen nicht nur Wäschestücke, sondern auch Tüten. Gefrierbeutel zum Beispiel kann man wiederbenutzen. Einfach auswaschen und trocknen.

ERSPARNIS: € 3

Rutschige Unterlagen

Beinahe wäre Oma Spar auf der Fußmatte ihrer Schwiegertochter ausgerutscht und gefallen. Damit so ein Malheur nicht tatsächlich passiert, klebt Monika (statt der käuflichen Unterlagen) alte Weck-gummis unter alle Brücken, Fußmatten und Bettvorleger. Schon rutscht nichts mehr, und Schwiegermama kann nicht zu Fall kommen.

> ERSPARNIS: € 4

Tischdecken

Hübsche Tischdecken kann man aus Resten von Deko- oder Gardinenstoffen, die mit passendem Schrägband versäumt werden, schnell selbst nähen. Die Stoffreste bekommt man auch preiswert bei Raumausstattern oder in großen Kaufhäusern. Eignen sich auch bestens zum Verschenken.

Duft im Kleiderschrank

In leeren Parfümflaschen ist meist immer noch ein Tropfen drin. Deshalb legt Monika die Flakons zwischen die Textilien – dort sorgen sie für schönen Duft.

Bettwäsche

Aus den unteren Teilen verschlissener Bettwäsche kann man gut neue Kopfkissenbezüge nähen. Einfach abschneiden und umnähen; die Knopfleiste ist schon vorhanden.

> ERSPARNIS: € 10

Selbst gefärbte Kleidung

Nadine steht momentan auf Schwarz; sie hat all ihre Klamotten gefärbt. Doch wenn sie sich abends auszieht, ist auch sie am ganzen Körper schwarz. Oma Spar rät: Selbst gefärbte Kleidungsstücke eine Nacht lang in Milch legen, so werden die Farben waschecht.

Socken

Beim Sockenkauf nimmt Monika immer zwei Paar von der gleichen Sorte. Kommt eine Socke abhanden oder geht kaputt, kann man sie nun leicht ersetzen.

Gummihandschuhe

Seit Frau Ohde ihre neuen langen Fingernägel hat, arbeitet sie nur noch mit Gummihandschuhen. Doch die sind durch die spitzen Fingernägel schnell beschädigt. Monika rät ihr, sich kleine Wattebäusche in die Fingerspitzen zu stecken. Das spart den ständigen Neukauf von Handschuhen und schont die teuren Nägel.

Schuhbeutel

Oma Spar schneidet von alten Hosen die Beine ab und näht daraus Schuhbeutel für die Reise. Die kosten nichts und halten den Kofferinhalt sauber.

Plastikdosen

Nadine besteht darauf, dass bei Familie Spar nichts mehr in Alufolie gewickelt wird – der Umwelt zuliebe. Aber für Verpackungszwecke Plastikdosen-Sets neu zu kaufen, wäre ebenfalls eine Sünde. Deswegen wäscht Monika unbedruckte, gut schließende Plastikdosen (z. B. von Joghurt, Quark oder Salat) aus und verwendet sie als Aufbewahrungsbehälter für Lebensmittel im Kühlschrank, für Pausenbrote oder Picknick.

> ERSPARNIS: € 10

Hemdkragen

Dieter besitzt ein teures Oberhemd, das er ganz besonders liebt. Als es am Kragen abgenutzt ist, trennt Oma Spar vorsichtig den Kragen aus dem Hemd und setzt ihn andersherum wieder ein.

So kann Dieter sein Lieblingshemd auch weiterhin noch lange tragen.

> **ERSPARNIS: € 25**

Servietten

Servietten aus Stoff oder Papier? Welche sollte man täglich benutzen? Zum alltäglichen Gebrauch kann man auch Papierküchentücher dekorativ falten. Wenn man sie einmal durchschneidet, sind sie noch sparsamer im Verbrauch.

Blumen auf dem Tisch

Zu Monikas Traum vom eigenen Haus gehörte auch der Wunsch nach einem großen Esstisch, auf dem immer frische Blumen stehen. Doch Blumensträuße kosten eine Menge Geld (sogar im Supermarkt zahlt man ca. 3 Euro pro Strauß) und sind spätestens nach einer Woche verwelkt. Deshalb hat Monika jetzt eine wunderschöne blühende Topfpflanze gekauft, die ihren Esstisch schmückt und sehr viel länger hält als ein Strauß.

> **ERSPARNIS: € 100**

Marmeladengläser

Oma Spar erfreut ihre Lieben gern mit selbst gemachter Marmelade. Dafür kauft sie keine neuen Gläser, sondern verwendet ausgewaschene Twist-off-Gläser wieder – das sind die mit den fest schließenden, drehbaren Metalldeckeln.

> **ERSPARNIS: € 15**

Tischdekoration

Nachdem Nadine erst Sängerin und danach Tierärztin werden wollte, möchte sie momentan den Beruf der Dekorateurin erlernen. Als ihre Eltern wichtige Gäste zu einem Essen einladen, überzeugt Na-

dine alle durch ihr »Deko-Talent«. Sie dekoriert die Tafel mit Dingen, die die jetzige Jahreszeit bietet. Im Herbst könnten das zum Beispiel bunte Blätter und Zweige sein. Solche Dekorationen kosten kein Geld und sind sehr geschmackvoll.

> **ERSPARNIS: € 15**

Schnittblumen 1

Oma Spar kauft nur gelbe Blumen, denn diese halten länger als andersfarbige. Ist mal ein Blumenstiel geknickt, rettet sie die Blüte, indem sie die Bruchstelle mit Tesafilm umwickelt. Welk gewordene Schnittblumen (vor allem Rosen, die die Köpfe hängen lassen) werden wieder frisch, wenn Oma Spar die Stiele etwas kürzt und sie wenige Minuten zuerst in heißes und dann in kaltes Wasser taucht.

Farnkraut fürs Obst

Oma Spar hat immer eine Menge Obst in einer großen dekorativen Schale vorrätig. Die Früchte faulen nicht so schnell, weil sie die Obstschale mit etwas Farnkraut auslegt.

Undichte Keramikvase

Eine Vase aus Oma Spars Sammlung ist undicht. Oma Spar reibt diese mit Bohnerwachs ein oder schwenkt die Vase mit heißem Paraffin aus – schon ist das gute Stück wieder dicht.

> **ERSPARNIS: € 5**

Parkettschoner

Die Beine der neuen Stühle zerkratzen den Holzfußboden, und auf dem Steinfußboden machen sie ein unerträgliches Geräusch. Nadine schneidet aus Teppichresten kleine Stücke, die sie unter die Stühle klebt. Das spart den Kauf von Originalschonern.

> **ERSPARNIS: € 8**

Kühlelemente

Familie Spar liebt es, im Sommer Picknick zu machen. Die Kühlelemente für die Kühltasche werden selbst hergestellt. In leere Putzmittelflaschen eine Mixtur aus Wasser und Salz einfüllen und das Ganze gefrieren lassen.

> **ERSPARNIS: € 4**

Kissen

Die neu gekauften Kopfkissen sind viel zu prall gefüllt. Vorsichtig trennt Monika eine Seitennaht auf und entnimmt Federn oder Kunststofffasern. Damit füllt sie andere Kissen auf oder stellt neue Zierkissen her.

> **ERSPARNIS: € 5**

Kastanien gegen Motten

Marcel hat Kastanien zum Basteln gesammelt. Oma Spar luchst ihm einige ab und legt diese in ihre Kleider- und Wäscheschränke. Kastanien halten Motten fern.

Handtücher

Nachbarin Frau Ohde wundert sich schon länger, weshalb Monika an allen Handtüchern oben und auch unten Aufhänger angenäht hat. Monikas Spartipp: Wenn die Tücher abwechselnd von beiden Seiten aufgehängt werden, nutzen sie gleichmäßiger ab und halten dadurch länger.

Weniger Müll

Wenn die Spars einkaufen gehen, lassen sie so viel Verpackung wie möglich im Supermarkt zurück. Dadurch ist die Mülltonne nicht mehr so schnell voll und muss nur noch vierzehntägig geleert werden. Das bedeutet weniger Müllgebühren.

ERSPARNIS: € 50

Schnittblumen 2

Oma Spar hat zum 75. Geburtstag viele Blumen bekommen. Damit diese sich besonders lange halten, besorgt sie sich von ihrem Sohn Dieter ein paar Stücke Grillkohle. In jede Vase legt sie ein Stück davon. Die Holzkohle desinfiziert das Wasser und verhindert das lästige Faulen der Stiele.

Orangenduft gegen Motten

Dieter erfreut sich jeden Morgen beim Herausnehmen eines neuen Hemdes am frischen Duft im Kleiderschrank. Monika verrät ihm ihr »doppeltes Geheimnis«: Orangenschalen im Kleiderschrank riechen nicht nur gut, sondern halten auch Motten fern.

ERSPARNIS: € 3

CDs eisgekühlt

Keine Ahnung, auf welche Weise Nadine es immer wieder schafft, dass ihre CDs Sprünge bekommen. Marcel bringt einen rettenden Tipp von einem Schulfreund mit: Die CD etwa eine halbe Stunde ins Eisfach legen. Das spart den Neukauf. Bei nur einer CD im Jahr:

ERSPARNIS: € 15

Schuhspanner

Oma Spar kann auf teure Schuhspanner gut verzichten. Sie sammelt ausrangierte Strumpfhosen und rollt diese fest zusammen. Zwei Paar ergeben ein Schuhpolster.

ERSPARNIS: € 15

Küchenpapier in der Kühlwanne

Obwohl Monika frisches Gemüse in der Wanne des Kühlschranks lagert, wird dieses oft schlapp. Weshalb passiert das bei ihrer Schwiegermutter nicht so schnell? Oma Spar legt die Kühlwanne mit Küchenpapier aus.

Umzugskartons

Die neuen Nachbarn tragen gekaufte Umzugskartons in ihr neues Heim. Monika versteht nicht, dass man auf diese Weise sein Geld zum Fenster hinauswerfen kann. Sie hat ihren Umzug mit Hilfe von Bananenkartons (mit Deckel und Griff) aus dem Supermarkt bewältigt. Die sind stabiler und kosten nichts. Bei 50 Kartons:

ERSPARNIS: € 50

Mülltüten

Die über dreihundert (!) gekauften Mülltüten, die Familie Spar pro Jahr verbraucht, stören Nadine schon seit langem. Deshalb achtet sie genauestens darauf, dass keine Plastiktüten (die zum Beispiel beim Einkaufen von Textilien oder Gemüse als kostenlose Verpackung anfallen) in den Müll geraten. Im Haushalt werden sie ersatzweise als Mülltüten oder zu Verpackungszwecken wiederverwendet.

ERSPARNIS: € 5

Raumspray

Wenn man in eine Sprühflasche Wasser und ein paar Tropfen Zitronensaft füllt, hat man ein kostenloses und umweltverträgliches Raumspray zur Verfügung.

Kleintierstreu

Marcel kauft die Kleintierstreu für seine Kaninchen nicht im Geschäft. Er hat eine Tischlerwerkstatt ausfindig gemacht, in der er sie gratis bekommt. Seine Eltern finden das klasse und bessern als Anerkennung Marcels Taschengeld auf.

ERSPARNIS: € 35

Knoblauch gegen Ungeziefer

Eigentlich kann Oma Spar ja Knoblauch nicht riechen ... doch wenn sie Ungeziefer in ihren Topfpflanzen entdeckt, steckt sie einfach zwei Knoblauchzehen in die Blumenerde und spart so den Kauf von chemischen Vernichtungsmitteln.

ERSPARNIS: € 4

Schuhabtreter

Schuhabtreter fürs neue Haus fertigt Monika aus Teppichresten. Auch Oma Spar bekommt eine neue Fußmatte spendiert.

ERSPARNIS: € 15

Nachthemden

Um in seinem Bürojob gut auszusehen, hat Dieter einen großen Fundus an Oberhemden. Aus ausrangierten Hemden fertigt Monika modische Nachthemden für sich oder Nadine.

ERSPARNIS: € 50

Asche gegen Ungeziefer

Dieter raucht und raucht … Monika wettert und wettert … Kleiner Trost: Monika gibt die Zigarettenasche in die Erde ihrer Topfpflanzen. Das hält Ungeziefer fern.

ERSPARNIS: € 5

Essig für die Waschmaschine

Waschmaschinen-Entkalker, Waschmaschinen-Reiniger … und was man noch alles kaufen und schleppen sollte, um seine Waschmaschine in Schuss zu halten! Monika füllt stattdessen gelegentlich zwei Flaschen Essigessenz zum Waschwasser in die Maschine und lässt dann ein Waschprogramm durchlaufen. Essig entkalkt, reinigt und ist viel billiger.

ERSPARNIS: € 10

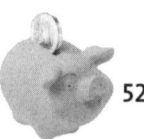

Auto

Fahrweise

Monika liebt ihren Dieter auch deshalb, weil er so ein besonnener Autofahrer ist. Spurwechseln, bremsen, beschleunigen, bremsen ... das kostet nicht nur Nerven, sondern auch viel Geld. Eine unnötig rasante Fahrweise erhöht auf einer Strecke von etwa dreißig Kilometern den Benzinverbrauch um mehr als drei Liter.

Kaltstart

Die Sonntagsbrötchen fürs gemütliche Familienfrühstück holt immer Dieter. Doch neuerdings nicht mehr mit dem Auto! Seit seine Tochter herausgefunden hat, dass ein Auto beim Kaltstart für Kurzstrecken (2 km) bis zu 40 Liter auf 100 km verbraucht, wird Dieter von seinen Lieben aufs Fahrrad »gezwungen«. Das schont die Umwelt, die Geldbörse und ist gut für die Figur. Macht allein bei den sonntäglichen Kurzstrecken

ERSPARNIS: € 25

Autowäsche

Jede Woche fuhr Dieter mit seinem Auto wie selbstverständlich für 7 Euro durch die Waschanlage. Monika hat errechnet, dass dieser Luxus die Familie ungefähr 300 Euro im Jahr kostet. In Zukunft wird Dieter die Handwaschbox benutzen, da kostet eine Reinigung nur 3 Euro.

ERSPARNIS: € 180

Dachgepäckträger

Seit dem letzten Sonntagsausflug befindet sich noch der Dachgepäckträger auf dem Auto. Dass Dieter jeden Tag damit ins Büro fährt, ist Monika ein Dorn im Auge, denn der erhöhte Luftwiderstand führt zu einem erhöhten Benzinverbrauch.

Übergewicht

Kontrolle im Kofferraum! Monika ertappt Dieter wieder einmal dabei, dass er viele unnütze Dinge im Auto hortet und durch die Gegend fährt. Also von Zeit zu Zeit das Auto leer räumen! Je leichter das Auto, desto besser ist das Leistungsgewicht (PS pro Kilo) und desto länger reicht die Tankfüllung. Bei zwanzig Kilogramm

> ERSPARNIS: € 25

Klimaanlage

Dieter träumt von einem Auto mit Klimaanlage. Doch diese Anlagen verbrauchen unnötig Energie und sind dazu noch ungesund. Jede Kilowattstunde Autostrom kostet 0,35 Liter Kraftstoff zusätzlich. Ausgeträumt, Dieter!

Kleine Werkstätten

Die großen Vertragswerkstätten werben stark für ihren Service. Regelmäßig erhalten die Spars nette Post, in der man sie überreden möchte, doch mal mit dem Auto zur Durchsicht vorbeizukommen. Dieter fährt jedoch lieber in eine kleine Werkstatt. Dort ist es billiger, und er kennt den Meister persönlich. Es werden also keine unnötigen Reparaturen an seinem Auto vorgenommen, wie es in manchen großen Werkstätten gelegentlich der Fall ist.

Essig für Chromteile

Sonntags putzt Herr Ohde mit Hingabe sein Auto. Für die Chromteile verwendet er eine teure Politur. Dieter – ganz freundlicher Nachbar – verrät ihm, dass man mit ein bis zwei Tropfen Essig, auf einen Lappen gegeben, den gleichen Effekt erzielen

kann. Danach gut nachspülen, damit keine Säure auf dem Lack zurückbleibt.

> **ERSPARNIS: € 3**

Reparaturhandbuch

Zu Weihnachten bekommt Dieter von seiner Frau ein Reparaturhandbuch fürs Auto geschenkt. Bei kleineren Defekten muss er nun nicht mehr immer gleich in die teure Werkstatt fahren. Öl- und Luftfilter kann er in Zukunft z. B. auch selbst wechseln.

> **ERSPARNIS: € 50**

Bus und Bahn statt Auto

Der ADAC hat ermittelt, dass 75 Prozent des gesamten Stadtverkehrs (z. B. an den langen Adventssamstagen) nur auf die Parkplatzsuche entfallen. Wenn Monika und Nadine zum Shoppen in die City fahren, nehmen sie lieber die Bahn oder den Bus. Denn so beginnt der Einkaufsbummel gleich ohne Stress.

Motor aus

Am liebsten würde Dieter seine Frau während des Autofahrens auf die Rückbank verbannen, denn bei jedem Halten, das länger als dreißig Sekunden dauert, greift Monika zum Zündschlüssel und stellt den Motor ab – um zu sparen. Ist Monika mal nicht als Beifahrerin dabei, dann passt Nadine auf: Motor aus – wegen der Umwelt!

Schalten

Monika weist Dieter häufig darauf hin, dass er zu spät in den nächsten Gang schaltet. Hohe Drehzahlen bedeuten einen hohen Spritverbrauch!

Autowäsche

Bei strömendem Regen ziehen sich Dieter und Marcel Regenkleidung an, bewaffnen sich mit Schwämmen und waschen unter der Regendusche das Auto ab. Kostet kein Geld und schont die Umwelt.

> **ERSPARNIS: € 15**

Gebrauchtwagen

Seinen damaligen Gebrauchtwagen hat Dieter besonders günstig gekauft. In ungeraden Jahren – im Herbst – werden auf der Internationalen Automobilmesse (IAA) die neuesten Modelle vorgestellt. Und Leute, die immer das neueste Modell haben müssen, können dann nicht widerstehen … Das Auto, dass sie bis zu diesem Zeitpunkt fuhren, stoßen sie häufig unter Preis ab. Glück für Dieter!

Autoversicherung

Im Magazin »DMEuro« hat Monika gelesen, dass der Beitragssatz für die Kfz-Versicherung je nach Angebot durchaus um 200 Euro differieren kann. Natürlich wird Dieter seine teure Kfz-Versicherung wechseln …

Autoscheibenwischer

Die Autoscheibenwischer hinterlassen nur noch Schlieren. Dieter will gleich neue kaufen, um auch bei strömendem Regen sicher in die Firma zu gelangen. Nachbar Ohde gibt ihm einen guten Tipp: die alten Scheibenwischergummis vorsichtig mit feinem Schleifpapier abreiben. Schon hat Dieter wieder den sicheren Durchblick …

> **ERSPARNIS: € 10**

Reifendruck

Dieter möchte es kaum glauben: Schon wieder muss er neue Reifen kaufen. Ein netter Tankwart weist ihn darauf hin, dass die schnelle Abnutzung auch an einem falschen Reifendruck liegen könnte. Der richtige Reifendruck spart zudem nicht nur eine Menge Benzin, sondern mindert auch das Unfallrisiko enorm – falscher Reifendruck ist eine der Hauptursachen für geplatzte Reifen!

ERSPARNIS: € 50

Vor dem TÜV zum TÜV

Monika ist entsetzt, weil die Spars eine gewaltige Autoreparaturrechnung zahlen sollen. Dabei hatte es Dieter doch nur gut gemeint und den Wagen vor dem TÜV zum Überholen in die Werkstatt gegeben. Das Auto fuhr doch eigentlich einwandfrei, und da war auch gar nichts dran ... Die Automechaniker fanden aber doch noch eine Menge, was sie reparieren konnten. Das nächste Mal ist Dieter schlauer und fährt erst zum TÜV. Dort lässt er sich eine Mängelliste geben und sorgt dann danach gezielt für die notwendigen Reparaturen. Auf diese Weise kann man ein Vermögen sparen.

Car-Sharing

Als die Spars noch in der Stadt lebten, waren sie Anhänger des Car-Sharings. Weil sie im Jahr weniger als zehntausend Kilometer fuhren, lohnte sich die Anschaffung eines eigenen Autos nicht. Für Car-Sharing gibt es verschiedene Anbieter, bei denen man sich jederzeit einen Wagen nach seinem Bedarf mieten kann. Man bezahlt eine Aufnahmegebühr und eine Kaution. Um Reparaturen und Versicherung braucht man sich nicht mehr zu kümmern. Bevor man sich dazu entscheidet, darf man günstige Car-Sharing-Angebote zur Probe nutzen.

Neuwagenkauf

Dieters Kollege schwärmt immer für die neuesten Modelle seiner Lieblingsautomarke. Doch er ist klug und wartet mit dem Kauf bis zum Jahresende. Dann hat er nämlich die Chance, einen Neuwagen billiger zu bekommen, weil viele Händler oft ihren Jahreszielverkauf noch nicht erreicht haben.

Jahreswagen

Auch Dieter träumt davon, irgendwann mal so ein richtig schönes neues Auto zu fahren. Doch der Gedanke, dass ein nagelneues Auto allein durch die Fahrt vom Hof des Autohändlers schon mehrere tausend Euro an Wert verliert – und dadurch sofort zum Gebrauchtwagen wird –, lässt nicht nur Monika, sondern auch Dieter vor dem Kauf eines fabrikneuen Wagens zurückschrecken. Vom ADAC lassen sich die Spars eine Liste über den Vermittlungsdienst von Jahreswagen zuschicken. Jahreswagen sind Autos, die die Mitarbeiter von Autofirmen zu Sonderkonditionen kaufen und nach einem Jahr wieder verkaufen. Diese Autos liegen 30 Prozent unter dem Listenpreis.

Putzen & Reinigung

Federkissen

Kopfkissen lässt Monika nicht chemisch reinigen. Sie wäscht sie in ihrer Waschmaschine mit Haarshampoo bei 30 Grad. Nach dem Waschgang die Kissen leicht angeschleudert, lässt Monika sie an der Luft trocknen. Das ist nicht so gesundheitsbelastend wie eine chemische Reinigung und dazu noch billiger. Bei vier Kissen im Jahr:

ERSPARNIS: € 40

Bonusheft für Reinigung

Die Reinigung von Dieters Anzügen verursacht im Jahr eine Unmenge Kosten. Jetzt hat Monika eine Annahmestelle ausfindig gemacht, in der sie nach jedem fünften Reinigungsauftrag ein Bekleidungsstück kostenlos reinigen lassen kann. Dazu erhält sie ein Bonusheft.

ERSPARNIS: € 40

Schuhcreme

Schuhputzen ist Dieters Job. Leider passiert es immer wieder, dass die Schuhcreme in »seinen« Dosen eintrocknet. Mit ein paar Tropfen Milch bekommt er die Creme wieder gebrauchsfähig ...

ERSPARNIS: € 3

Teppichpflege im Winter

Den Teppich mit der Oberseite auf den Schnee (Pulverschnee) legen und klopfen. Der Schnee nimmt den Schmutz auf, und die Farben des Teppichs leuchten wieder. Das Geld für die sehr teure chemische Reinigung kann man auf diese Weise sparen. Frische Flecken kann man mit Mineralwasser entfernen. Ein wenig auf den Fleck schütten und kurz einwirken lassen. Anschließend mit einem Schwamm abtupfen.

Putzschwämme

Putzschwämmchen kann man auch aus Schaumstoffresten von Verpackungsmaterial schneiden. Sie sind sehr praktisch, z. B. beim Reinigen von Gartenmöbeln. Und kostenlos!

Rostflecken

Marcel war wieder einmal auf dem Schrottplatz, auf seinem T-Shirt sind Rostflecken. Monika nimmt eine Messerspitze Kleesalz (bekommt man in der Drogerie) und löst dieses in einem Viertelliter warmem Wasser auf. Sie hält das Wäschestück in die Lösung, und zwar so lange, bis der Fleck verschwunden ist. Danach spült sie das T-Shirt mit klarem Wasser aus: sauber! Der Kauf von Rostfleckenentferner ist überflüssig.

> ERSPARNIS: € 2

Strumpfhosen

Ausgediente Nylonstrumpfhosen nicht wegwerfen! Für das Wegreiben von Putzstreifen an Fenstern eignen sie sich bestens.

Reinigungsschaum

Nadine hat die Abwesenheit ihrer Eltern genutzt, um im Wohnzimmer eine große Party mit Freunden zu feiern. Alle Polstermöbel sind verschmutzt ... Clever, wie Nadine ist, gibt sie kein Geld für teuren Reinigungsschaum aus, sondern stellt diesen selbst her. Eine halbe Tasse mildes Waschpulver auf zwei Tassen kochendes Wasser, gut durchrühren und abkühlen lassen – bis zum Gelieren. Danach mit einem Schneebesen zu steifem Schaum schlagen.

> ERSPARNIS: € 4

Grasflecken

Nach dem Sonntagspicknick befinden sich Grasflecken in Dieters heller Sommerhose. Monika entfernt die Flecken mit Buttermilch. Die Hose muss also nicht in die chemische Reinigung.

ERSPARNIS: € 6

Gardinenwäsche

Die Gardinen in Dieters Raucherzimmer sind stark vergilbt. Monika weicht diese über Nacht in lauwarmem Wasser ein und wäscht sie dann am nächsten Tag wie gewohnt. Auf diese Weise werden die vergilbten Gardinen wieder richtig weiß. Das Spezialgardinenwaschmittel kann man sparen.

ERSPARNIS: € 3

Waschpulvermessbecher

Wenn Dieter die Waschmaschine anstellt, füllt er den Messbecher meist voll bis zum Rand mit Pulver – und nicht nur bis zur Markierung. Dadurch belastet er die Umwelt und den Geldbeutel – unnütz.

Kunstblumen

Seidenblumen sind Staubfänger, denkt Monika. Doch weshalb sehen Frau Ohdes künstliche Blumen immer wie frische aus? Die Nachbarin verrät einen Trick: Sie legt die Seidenblumen gelegentlich fünf Minuten lang in lauwarmes Wasser, dem sie zwei Zahnprothesenreinigungstabletten zufügt.

Bügeleisen

Wer weiß, was Nadine gebügelt hat, vermutlich die Applikationen auf einem ihrer T-Shirts. Die Unterseite des Bügeleisens ist nun total verschmiert und stumpf. Zur Strafe soll Nadine von ihrem Taschengeld ein neues Gerät kaufen. Oma Spar steht ihr rettend bei. Sie wickelt einen weißen Kerzenrest in ein Tuch und erwärmt das Bügeleisen auf kleinster Stufe. Dann wischt sie mit dem Kerzentuch über die verschmutzte Fläche.

ERSPARNIS: € 50

Enge Vasen

Kleine oder sehr enge Vasen lassen sich mit einer Flaschenbürste oft nicht richtig säubern. Einfach Wasser mit etwas Spülmittel hineinschütten und etwas Reis dazugeben. Wenn man das Gefäß nun kräftig schüttelt, wird es wieder ganz sauber.

Rotweinflecken

Nach der Einweihungsparty befinden sich Rotweinflecken auf dem neuen Sofa. Monika nimmt etwas Rasierschaum und testet an einer nicht sichtbaren Stelle die Farbechtheit des Stoffes. Danach sprüht sie den Schaum auf die Rotweinflecken, lässt ihn kurz einwirken und wischt danach alles mit klarem Wasser ab.

ERSPARNIS: € 3

Fettflecken

Im Restaurant serviert der Ober und spritzt aus Versehen mit Fett – auf Dieters teures, empfindliches Sakko. Hektisch eilt der Kellner nun mit heißem Wasser herbei, um die Flecken zu entfernen. Monika bremst ihn. Sie bittet um eine rohe aufgeschnittene Kartoffel aus der Küche und reibt damit die Fettflecken auf dem Kleidungsstück ein. Nach dem Trocknenlassen bürstet Monika die Stelle zu Hause gründlich aus. Die Fettflecken sind verschwunden.

ERSPARNIS: € 6

Tennissocken

Dieter soll auf dem Tennisplatz immer strahlend weiße Socken haben. Deswegen legt Monika eine Zitronenscheibe ins Waschwasser, um auch ältere Strümpfe wieder weiß zu bekommen.

Waschpulver ohne Chemie

Nadine mag die Zwillinge von Frau Ohde sehr. Als eines der Kinder eine Hautkrankheit bekommt, sammelt Nadine Kastanien. Sie schält, zerkleinert, trocknet und vermalt die Kastanien zu einem feinen Pulver. Frau Ohde gibt das Ganze zur Wäsche in die Maschine. Kastanien enthalten die als Waschsubstanz wirksamen Saponine und reizen die Haut nicht.

Feinwaschmittel

Seifenreste zusammen mit heißem Wasser in ein Schraubdeckelglas füllen, so dass die Seife sich auflöst.

Samt- und Wildlederreinigung

Monika bestes Stück im Kleiderschrank ist ein teurer Blazer aus Samt. Diese Lieblingsjacke hat eine Druckstelle bekommen. Reinigung? Nein! Monika hält die Stelle über Wasserdampf, und schon richten sich die Fasern wieder auf. Genauso macht man es mit Kleidungsstücken aus Wildleder.

ERSPARNIS: € 8

Kugelschreiberflecken auf Wildleder

Nadine weiß auch nicht, wodurch regelmäßig Kugelschreiberflecken auf ihre Wildlederhose kommen … Glücklicherweise kennt sie einen Trick, die Flecken zu beseitigen. Den Fleck mit Tesafilm bedecken und dann mehrmals abziehen. Die Kugelschreiberspuren sind verschwunden.

ERSPARNIS: € 6

Knöpfe in der Reinigung

Dieters heller Trenchcoat war sehr teuer. Die ständigen Reinigungs-
kosten treiben den Preis für den Mantel zusätzlich in die Höhe. Nun
sind aber auch noch nach dem Reinigen alle Lederknöpfe schadhaft.
Ab sofort umwickelt Monika Schnallen und Knöpfe (auch anderer
Kleidungsstücke) mit Alufolie, bevor sie sie in die Reinigung gibt. So
bekommt man wenigstens alles unbeschädigt zurück.

Verfilzte Wollsachen

Monika hat beim Waschen Dieters Lieblingspullover verfilzt. Oma
Spar wäscht das gute Stück noch einmal fein und spült ihn dann in
einem Sud aus weißen Bohnen aus. Gerettet!

Krawattenreinigung

Dieter hat wieder einmal einen Fleck auf seinem Schlips! Die Reinigung einer Krawatte kostet ungefähr 4 Euro. Monika spart das Geld.
Sie schneidet ein Stück weißen Karton in Form der Krawatte,
schiebt es in den Schlips, den sie dann mit dem Schaum eines Fein-
waschmittels vorsichtig abbürstet. Nach dem Trocknenlassen entfernt sie den Karton.

> ERSPARNIS: € 40

Spielzeug-Reinigung

Marcel ist glücklich, denn auf dem Flohmarkt haben seine Eltern
und er zu einem Spottpreis viele Legosteine erstanden. Doch bevor
Marcel damit spielen darf, möchte Monika die Plastikbausteine erst
einmal reinigen. Sie steckt alle Steine in einen Kopfkissenbezug und
wäscht sie bei 30 Grad in der Waschmaschine.

Bananenschalen

Sogar mit Bananenschalen kann Monika noch etwas anfangen: Sie
»schenkt« sie Dieter, damit der mit der Innenseite der Schalen die
Schuhe der Familie putzen kann …

Schuhcreme

Für ihre teuren Pumps hat Monika eine ganz besonders teure Schuhcreme. Da diese so selten benutzt wird, trocknet sie jedoch immer wieder ein. Gut, dass man Schuhcremetuben in heißes Wasser legen kann. So wird der Inhalt wieder streichfähig.

ERSPARNIS: € 4

Alte Ölbilder

Dieter und Monika haben auf dem Flohmarkt endlich das passende Ölbild für ihr neues Wohnzimmer gefunden. Sie frischen die Farben auf, indem sie das Bild mit einer halbierten Kartoffel vorsichtig abreiben und danach mit einem Tuch etwas nachwischen. So kann man auf eine teure professionelle Reinigung verzichten.

ERSPARNIS: € 40

Einmalhandschuhe

Auch Einmalhandschuhe kann man mehrmals benutzen. Monika wäscht, trocknet und pudert diese von innen.

ERSPARNIS: € 3

Toilettenduftspender

Für zwei Toiletten im Haus verbraucht Familie Spar drei Duftspender im Monat. Um diesen Verbrauch zu reduzieren, hebt Monika alle Seifenreste, die im Haushalt anfallen, auf. Sie steckt diese in die leeren Halterungen der Duftspender und hängt sie dann in die Toilettenbecken. Seifenreste sind billiger und umweltfreundlicher.

ERSPARNIS: € 15

Streifen auf dem PVC

Die Einweihungsparty war schön, doch zurück blieben viele schwarze Streifen von Schuhabsätzen auf PVC- und Steinfußböden. Kein Grund zur Verzweiflung, Monika reibt die Flecken einfach mit farbloser Schuhcreme weg.

Wasserränder auf Möbeln

Immer wieder stellt Marcel sein Glas auf der teuren Holzkommode ab. Unschöne Wasserränder sind die Folge. Monika reibt mit einem feuchten Tuch ein wenig Butter (niemals Margarine!) und Zigarettenasche über die Stellen. Mit einem trockenen Tuch poliert sie nach. Die Flecken sind weg – ohne Möbelpolitur.

> ERSPARNIS: € 3

Klaviertasten

Seit Opa Spar tot ist, hat niemand wieder auf seinem Klavier gespielt. Oma Spar hält die Klaviertasten weiß und sauber, indem sie sie gelegentlich mit Zahnpasta und einem feuchten Tuch abreibt. Danach wischt sie die Tasten trocken und poliert mit einem weichen Lappen nach.

Ohne Backofenspray

Monika ist verärgert: Nach einer Pizzaparty hat Nadine den Backofen völlig verschmiert hinterlassen. Zum Glück muss Monika schon lange kein Geld mehr für teures, giftiges Backofenspray ausgeben. Mit einer Seifenlauge, der sie etwas Spiritus zusetzt, bekommt sie den Herd sehr schnell wieder sauber.

> ERSPARNIS: € 3

Bier für die Zinnkanne

Dieter wundert sich über seine Mutter, die eine Flasche Bier von ihm haben möchte. Bekommt Oma Spar Männerbesuch? Nein. Sie erwärmt das Bier und reibt ihre schöne Zinnkanne und ebenfalls die alten Eichenmöbel damit ab. Danach sieht alles wieder wie neu aus.

ERSPARNIS: € 4

Jalousien

Die Badewanne ist »besetzt«: Darin schwimmen verschmutzte Jalousien – eingeweicht in Waschpulver, das man eigentlich für Weißwäsche nimmt. Monika bekommt Jalousien so am einfachsten und billigsten sauber.

ERSPARNIS: € 4

Wollwaschmittel

Die Wollpullover der Familie Spar sind besonders hautfreundlich gewaschen. Statt teurer Wollwaschmittel verwendet Monika nämlich ein neutrales, billiges Haarshampoo.

ERSPARNIS: € 4

Putzlappen

Ausrangierte Bettlaken und Handtücher schenkt Monika ihrer Schwiegermutter. Die schneidet daraus verschieden große Tücher zum Putzen. Oma Spar ist stolz darauf, in ihrem Leben noch nie einen einzigen Putzlappen gekauft zu haben. Monika selbst möchte jedoch auf ihre »Markenlappen« nicht verzichten. Wenn diese verschmutzt sind, wirft sie sie nicht in den Müll, sondern in die Waschmaschine. Dadurch kann sie die Lappen wiederholt benutzen, so lange, bis sie tatsächlich verschlissen sind.

ERSPARNIS: € 8

Gurkenwasser

Oma Spar isst besonders gern Gewürzgurken. Den Sud gießt sie nicht weg, sondern siebt ihn durch und bewahrt ihn in einer Flasche auf. Damit bringt sie in Bad und Küche vieles auf Hochglanz. Außerdem dient der Saft als Entkalker für Spüle und Armaturen. Das spart den Essigreiniger.

> **ERSPARNIS: € 3**

Besen und Schrubber

Monika hat neue Besen und Schrubber angeschafft. Vor dem ersten Gebrauch legt sie sie zwanzig Minuten in ein Salzwasserbad. Gelagert werden Besen und Schrubber immer mit dem Kopf nach oben – auch das erhöht die Lebensdauer.

Silberputzen

Zu besonderen Anlässen kommen bei Oma Spar die Silberlöffel auf den Tisch. Doch die sind dann meistens dunkel angelaufen. Kein Problem. Ohne chemische Mittel und aufwendiges Polieren bekommt Oma Spar das Silber wieder blank. Sie legt die Bestecke in eine Schüssel mit Alufolie und übergießt diese mit einer kochenden Salzwasserlösung.

Übrigens: Silberbestecke laufen nicht an, wenn man ein Stück Schulkreide in den Besteckkasten legt oder wenn man die Bestecke in einer Plastiktüte lagert.

> **ERSPARNIS: € 5**

Putzlappen

Alte Wollstrümpfe und abgetragene Baumwollunterwäsche sollte man nicht wegwerfen, denn mit alten Wollsocken kann man Schuhe polieren und mit Baumwollunterwäsche sehr gut putzen.

Wasser

Nadine hat gelesen: Pro Tag und Person werden in Deutschland durchschnittlich 120 Liter Wasser verbraucht:

- circa 5 Liter als Trinkwasser und zum Kochen
- 15 Liter Wasser für die Körperpflege
- 5 Liter zum Geschirrspülen
- 35 Liter Wasser fürs Baden und Duschen
- 5 Liter Wasser zum Reinigen von Haus und Wohnung
- 35 Liter Wasser fürs WC
- 20 Liter für Garten und Autowäsche

Auf diese Weise verbraucht der einzelne Mensch rund 50 Tonnen Wasser im Jahr! Ein Drittel dieser Menge kann man durch einfache Tricks einsparen. Monika hätte sich früher nicht darum gekümmert, doch nun hat sie eine Tochter, die sich für die Umwelt einsetzt. Und sie hat in ihrem Haus eine Wasseruhr, die den hohen Wasserverbrauch der Familie erbarmungslos anzeigt – und in Form einer hohen Wasserrechnung quittiert.

Der Stein im Wasserkasten

Nachdem Nadine herausgefunden hat, dass jede Klospülung 10 (!) Liter Trinkwasser kostet, legt sie einen großen Stein oder eine mit Wasser gefüllte Flasche oder Plastiktüte in den Wasserkasten der Toilette. Das erübrigt die Anschaffung einer Spartaste (die den gleichen Effekt wie der Stein hätte – aber 5 Euro kosten würde) und verringert die Wasserrechnung der Spars um circa 50 Euro im Jahr. (Bitte keinen Ziegelstein nehmen, denn dieser würde sich mit der Zeit im Wasser auflösen und könnte die Leitungen verstopfen.)

> ERSPARNIS: € 55

Kartoffelwasser

Wo kommt die Küchenweisheit nur her, dass Gemüse und Kartoffeln beim Kochen immer mit Wasser bedeckt sein sollten? Oma Spar hat herausgefunden: Ein Viertelliter Wasser reicht für zwei Pfund Kartoffeln! Das spart Wasser und auch Strom.

Duschköpfe

Wenn ihre Lieben statt des Vollbades ein Duschbad nehmen, sparen sie bis zu zwei Drittel Wasser ein. Beim Bau des Hauses hat Monika darauf geachtet, dass sparsame Duschköpfe verwendet werden. Das verringert den Wasserverbrauch nochmals um ein Drittel! Und wenn Monika ihre Familie jetzt noch dazu bringen würde, das kalte Wasser, das sie vor dem Duschen ablaufen lässt, aufzufangen und wiederzuverwenden, könnten die Spars noch einmal mehrere hundert Liter Wasser im Jahr sparen. Abgestandenes Wasser tut beispielsweise Blumen gut.

Salat waschen

Oma Spar wäscht nach Möglichkeit Obst und Gemüse nicht unter fließendem Wasser. Sollte es doch einmal vorkommen, dann fängt sie das Wasser auf und nutzt es danach zum Gießen ihrer Balkon- oder Topfpflanzen.

Draht im Spülkasten

Oma Spar ist sich sicher, eines Tages wird der Vermieter auch ihr eine Wasseruhr in die Wohnung einbauen lassen. Nicht erst dann möchte sie mit dem Wassersparen beginnen. Sohn Dieter umwickelt die beweglichen Scharniere in Omas altem WC-Spülkasten mit Draht. So kann man die Wassermenge regulieren, die in den Abfluss geht.

Blauer Umweltengel

Der »Blaue Engel« klebt auf allen Dingen, die besonders umweltfreundlich sind. Frau Ohde hat sich Armaturen mit dem Zeichen

»Blauer Engel« in Dusche und WC installieren lassen. Diese reduzieren den Wasserverbrauch bis zu 60 Prozent.

Keine Essensreste in die Toilette!

Monika entsorgte Essensreste häufig in die Toilette, bis diese eines Tages verstopfte und Monika eine teure Klempnerrechnung bezahlen musste. Essensreste auf dem Komposthaufen oder im Müll zu entsorgen spart Ärger und das Wasser, das man für die Spülung braucht.

Eierwasser

Oma Spar bewahrt sogar das Wasser auf, in dem sie ihre Eier kocht. Sie lässt es abkühlen und gießt damit ihre Zimmerpflanzen.

Undichter Spülkasten

Ununterbrochen – und ganz unscheinbar und leise – fließt Wasser aus dem undichten Spülkasten in die Toilette. Als Monika es bemerkt, könnte sie verzweifeln, denn ein undichter Spülkasten verschwendet bis zu dreihundert Liter Wasser – circa 35 Euro im Monat! Also Abdichten!

> ERSPARNIS: € 400

Badewasser

Seit Nadine herausgefunden hat, dass ein Vollbad in der Wanne dreimal so viel Wasser und Strom wie eine Drei-Minuten-Dusche verbraucht, überredet sie ihre Familie, Badewasser dann wenigstens zum Putzen und Klospülen wiederzuverwenden.

Einseifen

Das ist ja wie im Film »Psycho«, sagt Dieter, wenn Monika ihre Kinder und ihren Mann beim Duschen überrascht, um sie zu kontrollie-

ren, ob sie während des Einseifens den Wasserhahn ausstellen. Denn das spart eine Menge Trinkwasser und Energie.

Regentonne

Dieter hat eine Regentonne gekauft; darin kann man Regenwasser zum Gießen der Pflanzen im Garten auffangen. So verschwendet man für diesen Zweck kein Trinkwasser mehr.

Tropfender Wasserhahn

Monika macht das Geräusch eines tropfenden Wasserhahns nervös. Dieter dagegen findet es beruhigend. Nadine klärt ihren Vater auf, dass ein tropfender Hahn bis zu 6000 Liter Wasser im Jahr kosten kann. So schnell hat Monika ihren Dieter noch nie Werkzeug holen sehen …

Eingelegter Schafskäse

Wenn bei Monika Schafskäse auf den Tisch kommt, glaubt jeder, dass sie ihn in einem Spezialitätengeschäft gekauft hat. Dabei handelt es sich um preiswerten Käse aus dem Supermarkt. Monika legt diesen selbst in Olivenöl mit Knoblauchzehen, Peperoni, Lorbeerblättern, buntem Pfeffer und italienischen Kräutern ein. Schmeckt sehr gut und lässt sich auch in einem schönen Glasgefäß zu einem Geschenk aufpeppen.

Trockenpilze

Trockenpilze würzen auch in kleinen Mengen Suppen und Soßen, wenn man sie mit Hilfe einer Gewürzmühle zerkleinert und mitkocht. So kann man die oft recht teuren Pilze sparsam verwenden.

Zweiter Aufguss

Kaffeekränzchen bei Monika. Die Kaffeemaschine kommt mit dem Kochen beinahe nicht hinterher. Monika benutzt nicht jedes Mal eine neue Filtertüte und braucht so für den »zweiten Aufguss« nur noch halb so viel Kaffeepulver einzufüllen. Der Kaffee wird trotzdem kräftig und schmackhaft.

ERSPARNIS: € 15

Kräuteressig brauen

Im Keller hat Monika eine Sammlung von wunderschönen kleinen Flaschen – zum Beispiel zum Abfüllen von selbst gemachtem Kräuteressig. Dafür mischt Monika 100 ml Essigessenz und 400 ml Weinreste, kocht die Flüssigkeit auf und füllt sie in dunkle (Piccolo-)Flaschen. Sie gibt verschiedene Kräuter, Zitronenmelisse, Dill und Estragon dazu. Selbst gemachter Kräuteressig kommt auch als Geschenk sehr gut an. Zu diesem Zweck dekoriert Monika die Flaschen mit kariertem Stoff oder zur Jahreszeit passend.

Weich gewordene Tomaten

Bevor Marcel eine Tomate isst, drückt er sie immer, um zu testen, ob sie richtig fest ist. Nachdem auf diese Weise schon öfter Tomateninneres durch die Küche geflogen ist, sortiert Monika weich gewordene Tomaten lieber rechtzeitig aus. Doch sie wirft sie nicht weg! Enthäuten, pürieren und einfrieren … Man kann die tomatige Masse zum Beispiel in einem Eiswürfelbehälter aufbewahren und später an Soßen und Suppen geben – ohne dann dafür extra frische Tomaten kaufen zu müssen.

Panieren

Bei Familie Spar kommen nur noch Eier von »glücklichen« Hühnern auf den Tisch. Die sind jedoch teurer und zum Panieren von Fisch und Fleisch beinahe zu schade. Oma Spar kennt eine gute Mixtur: Wenn man etwas Mehl mit Milch anrührt, erhält man eine gute Masse zum Panieren – auch ohne Ei.

Butterpapier

Nachdem Oma Spar ein Stück frische Butter in die Dose gefüllt hat, faltet sie das Papier zusammen – und wirft es nicht weg. Sie bewahrt es im Kühlschrank auf und benutzt beim nächsten Kuchenbacken die darin enthaltenen Butterreste zum Einfetten der Form.

Butter

Butter steht bei Familie Spar grundsätzlich nicht im, sondern *auf* dem Kühlschrank. So ist sie beim Auftragen weich und streichfähig. Das ist gut für die Figur, weil viel sparsamer im Verbrauch.

Wein als Essig

Wenn Oma Spars Nachbar auf ein Gläschen Wein zu Besuch war, bleibt oft nur ein kleiner Rest in der Flasche übrig. Diesen gießt Oma nicht weg, sondern verwendet ihn statt Essig für die nächste Salatsoße.

Zu flüssige Marmelade

Oma Spar hat Marmelade gekocht, die leider nicht richtig fest geworden ist. Oma Spar hebt sie trotzdem auf. Wenn die Enkelkinder kommen, verwendet sie sie als (heiße) Soße für Dessert, Eis oder Pfannkuchen.

Wein für Soßen

Wenn Monika eine besondere Soße zubereitet, darf ein Schuss Wein nicht fehlen. Dafür muss man keine neue Flasche öffnen. Nach gemütlichen Abenden friert Monika Weinreste ein und verwendet diese dann zu einem späteren Zeitpunkt zum Verfeinern von Soßen.

Kuchen

Kuchen kauft Monika nur noch im Ausnahmefall beim Bäcker, denn für vier Stücke muss man heutzutage schon etwa 6 Euro bezahlen. Für so viel Geld kann Monika selbst einen ganzen Kuchen mit zwölf Stücken backen! Außerdem ist selbst gebackenes Gebäck leckerer und ganz nach dem eigenen Geschmack.

> ERSPARNIS: € 150

Brot aufbacken

Bei Oma Spar schmecken das Brot von vorgestern und sogar die alten Brötchen immer wie frisch gebacken. Sie feuchtet die Backwaren in einem Tuch kurz an und backt sie danach bei mittlerer Hitze kurz auf.

Speiseöl umfüllen

Speiseöl in hellen Flaschen wird meist schnell ranzig, und man ist gezwungen, bald neues Öl kaufen. Am besten, man kauft nur Öl in dunklen Flaschen oder füllt es in solche um.

Schrumplige Äpfel

In Oma Spars Einpersonenhaushalt bleibt gelegentlich gekauftes Obst übrig. Aus schrumpligen Äpfeln kocht sie Apfelmus oder Kompott. Sie schält die Äpfel, schneidet sie klein, kocht sie mit etwas Wasser und eventuell Zucker und füllt das Ganze in Twist-off-Gläser. Das selbst gemachte Apfelmus schmeckt den Enkeln prima – zu Pfannkuchen, Kartoffelpuffern oder Waffeln.

Ölsardinen

Weil Dieter der Einzige in der Familie ist, der gerne Ölsardinen verzehrt, stehen oft angebrochene Dosen im Kühlschrank. Tipp: Den Inhalt aus Büchsen in Schüsseln umfüllen, denn alle Konserven schmecken dann länger gut und verderben nicht so schnell.

Käse

Guter Käse ist teuer. Deswegen wird bei Familie Spar trocken und hart gewordener Käse nicht in den Müll geworfen. Fein gerieben eignet er sich vorzüglich als Würzmittel für Speisen – wie zum Beispiel Nudelgerichte und Aufläufe.

Kekse

Kekse, die weich geworden sind, taucht Oma Spar kurz in heiße Milch und erhitzt sie eine Viertelstunde lang im Backofen. Danach sind sie wieder knusprig.

Geschnittenes Brot

Die Bäckersfrau fragt schon gar nicht mehr »… geschnitten oder im Stück …?« Die Spars wollen ihr Brot geschnitten kaufen, denn so schöne dünne Scheiben bekommt Monika zu Hause mit dem Brotmesser nicht gut hin. Geschnittenes Brot taut nach dem Einfrieren schneller auf, und man kann immer genau so viele Scheiben entnehmen, wie man tatsächlich benötigt.

Pasteten

Für ihren Sohn Dieter hat Oma Spar immer eine frische Pastete im Kühlschrank – selbstverständlich selbst gemacht. Dazu verarbeitet sie die Reste von Fisch- oder Fleischmahlzeiten in der Küchenmaschine oder mit dem Mixer, gibt ein wenig Butter und schließlich etwas Sahne und Kräuter hinzu.

Klumpiges Salz

Wenn Omas Haushaltssalz mal wieder verklumpt ist, besorgt sie sich von Marcel ein Blatt Löschpapier und legt es in den Salzbehälter. Löschpapier saugt die Feuchtigkeit auf und erspart den Neukauf von Salz.

> ERSPARNIS: € 1

Soßen

Seitdem bei Spars kaum noch Fleischbraten auf den Tisch kommen (weil Nadine sich vegetarisch ernährt), greift Monika immer öfter auf Fertigsoßen zurück. Doch diese sind in der Familie nicht besonders beliebt und außerdem recht teuer. Oma Spar weiß, wie man tolle Soßen »aus nichts« zaubert: Margarine in einer schweren Pfanne schmelzen, Mehl hinzugeben, bräunen lassen, Wasser und leckere Kräuter aus dem Garten beimischen – fertig.

> ERSPARNIS: € 25

Soßenbinder

Oma Spar hat noch nie in ihrem Leben Soßenbinder gekauft. Sie lässt Butter und etwas Mehl zusammenschmelzen, verrührt beides und gibt die geschmeidige Masse dann in die Soße. Für dunkle Soßen bräunt sie das Mehl etwas an. Das spart Geld und schmeckt viel besser.

ERSPARNIS: € 5

Geburtstagskuchen

Dieter wird 38 Jahre alt. Für eine kleine Feier im Büro hat Monika ihm einen Kuchen gebacken. Leider ist er ihr am Rand etwas schwarz geworden. Der Kuchen muss nicht weggeworfen werden! Monika entfernt das Verbrannte gleichmäßig und gibt eine leckere Glasur darüber.

ERSPARNIS: € 5

Honigreste

Um wertvolle Honigreste aus Gläsern zu bekommen, füllt Oma Spar heißen Tee hinein, spült das Glas damit aus und gibt das Ganze dann in ihre Teetasse. Schmeckt prima!

Zitronen

Auch aus Zitronen kann man das Letzte herausholen … Bevor man sie auspresst, taucht man die Früchte kurz in heißes Wasser. Anschließend geben sie mehr Saft.

Gekochte Kartoffeln

Nach dem Mittagessen sind häufig gekochte Kartoffeln übrig. Monika wirft diese nicht weg, sondern füllt sie in einen Gefrierbeutel, drückt sie mit der Hand flach und friert sie ein. Diese Kartoffeln kann man zum Beispiel in den nächsten Eintopf geben.

Cornflakes

Nachdem Marcel wochenlang jeden Morgen Cornflakes gegessen hat, bevorzugt er nun vom einen auf den anderen Tag Müsli. Übrig gebliebene Cornflakes werden in der Großpackung schnell pappig. Statt sie wegzuwerfen, backt Monika die Cornflakes im Ofen auf oder streut sie über den nächsten Auflauf.

Reisen

»Fliegen und Sparen«

Mit ihren pfiffigen Tricks hat Familie Spar inzwischen viel Geld gespart. Um sich selbst zu belohnen, plant sie eine größere Auslandsreise. Doch auch fürs Reisen wollen die Spars kein unnötiges Geld ausgeben. Monika kauft die Zeitschrift »Fliegen und Sparen«, füllt den darin enthaltenen Coupon aus, trägt ihr Reiseziel ein und schickt ihn zurück an die Redaktion. Innerhalb einer Woche bekommt die Familie eine Liste mit dreißig Angeboten und kann dann das günstigste in ihrem Reisebüro buchen. Beispielsweise bei Pauschalreisen gibt es Preisdifferenzen bis zu 60 (!) Prozent.

Zugverspätung

Der Skiurlaub war schön. Auf der Rückreise jedoch hat der ICE leider mehr als dreißig Minuten Verspätung. Monika lässt sich diese Tatsache von einem Angestellten im Zug schriftlich bestätigen. Bei der nächsten Fahrt mit dem ICE bekommt man so auf die neuen Fahrkarten einen Preisnachlass.

Hotels

Einmal im Jahr leisten sich Monika und Dieter ein Verwöhn-Wochenende – ohne Kinder – in einem Nobelhotel. Sie buchen kurzfristig und wenden sich dabei zum Beispiel an die Firma »Avantel« (www.avantel.de). Dort vermittelt man ihnen kostenlos ein Zimmer unter Normalpreis in einem der unzähligen Hotels in Deutschland.

> ### ERSPARNIS: € 100

Mitwohnzentrale

Amerika! Und gleich sechs Wochen. Aber soll das schöne Haus der Spars so lange leer stehen? Monika bietet es über die Mitwohnzentrale an und sucht sich nette Untermieter für sechs Wochen aus. Die

Miete dient als zusätzliches Taschengeld für die Reise, und außerdem ist das Haus der Spars besser vor Einbrechern geschützt, wenn es bewohnt ist.

Wohnungstausch

Wenn Frau Ohde eine größere Reise unternimmt, möchte sie (auch im Ausland) mit ihrer Familie nicht beengt in einem Hotelzimmer wohnen, sondern in einer großen Wohnung oder gar einem Haus. Deswegen überlegt sie, Mitglied im Holiday-Service (09 51/4 30 55) zu werden. Über diese Agentur kann sie ihr Haus gegen ein Haus in Florida oder eine Berghütte in Österreich tauschen und muss sich nirgends teuer einmieten. Im Tauschkatalog befinden sich mehr als 8000 Angebote in 50 Ländern.

Secondhand für Sportartikel

Nach vielen Jahren möchten die Spars endlich mal wieder einen Winterurlaub machen. Doch alle Familienmitglieder bräuchten neue Ski, Schneeanzüge, Schuhe und und und. Wenn man diese Kosten auf den Reisepreis aufschlagen würde, stiege er in unerschwingliche Höhen ... Was sie nicht von Bekannten ausleihen können, kaufen die Spars deshalb in einem speziellen Secondhandladen für Sportartikel.

Rabatt für Kinder

In der Nebensaison kosten Reisen bis zu 50 Prozent weniger als in der Hauptsaison. Doch in diesen Genuss kommt Familie Spar mit zwei schulpflichtigen Kindern so gut wie nie. Deshalb nutzen sie bei Reisen ins Ausland Kinderrabatte oder Kinderfestpreise.

Jugendherbergen

Eigentlich dachte Monika, sie sei aus dem Alter heraus, um in einer Jugendherberge zu übernachten. Doch dann hat sie das DJH-Programm mit den vielfältigen Angeboten entdeckt. Kulturreisen, Kreativ-Reisen, Sportreisen oder einfach ein toller Familienurlaub –

alles ist drin. Jugendherbergen bieten längst mehr als ungemütliche Doppelstockbetten – zum Beispiel tolle Freizeitmöglichkeiten, Familienzimmer und Aufenthaltsräume. In Jugendherbergen Urlaub zu machen ist erheblich billiger, als in Hotels oder Pensionen einzukehren.

Spartickets

Monika fährt mit der Bahn ihre Mutter in Osnabrück besuchen. Bei der Fahrscheinkontrolle bemerkt sie, dass die Frau auf dem Sitzplatz gegenüber für die gleiche Fahrt weniger bezahlt hat als sie. Monika erfährt, dass man immer nach Spartickets fragen muss, da Bahnbeamte beim Kartenverkauf leider nicht automatisch auf die günstigsten Alternativen hinweisen. So gibt es z. B. das »Wochenendticket«, mit dem man von Samstag früh bis Sonntag nacht für einmalig 28 Euro quer durch Deutschland fahren kann (Schnellzüge wie ICE und IC sind davon jedoch ausgeschlossen).

Bahncard

Seit Oma Spar eine Bahncard besitzt, leistet sie sich viel öfter eine Reise als früher. Einmal gekauft, spart man auf jeder Zugreise ein Viertel des Fahrpreises und kann zusätzlich noch die neu von der Bahn angebotenen Plan- und Spartarife wie Gruppenermäßigungen (schon ab zwei Personen), Frühbucher-Rabatte etc. in Anspruch nehmen. Genauere Informationen zum neuen Tarifsystem gibt es an jedem Informationsschalter der Deutschen Bahn.

Vor Ort tauschen

Wenn die Spars in ein fremdes Land reisen, in dem man nicht mit Euro zahlen kann, möchte Dieter am liebsten schon bei Ankunft die Taschen voller Geld der jeweiligen ausländischen Währung haben. Doch Monika hält ihren Mann zurück. Sie tauscht Geld grundsätzlich erst vor Ort, denn dort sind die Kurse meist wesentlich günstiger als in der Heimat!

Preisagentur für Pauschalreisen

Die Spars wollen eine Reise buchen. Müssen sie nun deshalb massenhaft Kataloge wälzen, um den günstigsten Anbieter für ihre Reise herauszufinden? Nein. Unter www.bellnet.de finden die Spars diverse Preisagenturen, die ihnen Vergleiche von vielen Reiseanbietern erstellen. So kommt die Familie sehr preiswert – und ohne Stress – in den Urlaub.

Kosmetik

Hausfriseurin

Frau Ohdes Freundin hat sich als Friseurin selbstständig gemacht und kommt zu den Kunden ins Haus. Das spart langfristige Terminabsprachen, Zeit und Fahrtkosten für den Weg in ein Friseurgeschäft. Mütter wie Frau Ohde müssen ihre Kinder nicht mehr woanders unterbringen, wenn sie sich die Haare machen lassen wollen. Außerdem kann eine Friseurin, die Hausbesuche macht, ihre Dienstleistung günstiger anbieten als in einem Salon. Bei monatlich einem Haarschnitt macht das eine Ersparnis von etwa 5 Euro pro Person aus. Im Jahr pro Familie:

ERSPARNIS: € 240

Badezusätze

Alte Strumpfhosen werden bei den Spars nicht weggeworfen. Nadine näht daraus kleine, dekorative Säckchen und füllt sie mit getrockneten Kräutern oder Blüten, die man ins Badewasser tun kann.

Friseur-Modelle

Die Spars sparen neuerdings viel Geld ein, weil sie sich ihre Haare in einem der großen Ausbildungsstudios eines Kosmetikkonzerns frisieren lassen. Manche Haarschnitte werden sogar gratis vorgenommen – von ausgelernten Friseuren oder Azubis. So tragen Monika, Dieter, Nadine und Marcel immer die modernsten Frisuren.

ERSPARNIS: € 500

Olivenöl im Badewasser

Marcels Haut ist empfindlich und trocknet vor allem im Winter viel zu schnell aus. Deswegen setzt Monika seinem Badewasser immer

ein paar Tropfen Oliven- oder Sonnenblumenöl zu (evtl. noch einen Schuss Milch dazu). Die Haut wird dadurch geschmeidig, gepflegt und nicht durch chemische Hautlotionen gereizt.

Lipgloss

Lippenstiftreste hebt Nadine auf. Sie schmilzt sie in der Mikrowelle, vermischt sie mit Vaseline und füllt das Ganze in ein kleines dekoratives Glas. So hat sie für sich oder andere einen neuen »Designer-Lipgloss«.

Quark-Maske

Wenn Monika zwei Esslöffel Quark mit zehn Tropfen Zitronensaft vermischt, amüsiert man sich im Hause Spar. Denn bei der leckeren Mixtur handelt es sich um keinen Nachtisch, sondern um eine Gesichtsmaske, die Monika eine Viertelstunde lang auf der Gesichtshaut einwirken lässt. Monikas Haut sieht danach frisch und glatt aus.

Restlos entleeren

Dass die meisten Kosmetikverpackungen aus Plastik sind, hat auch Vorteile: Zum restlosen Entleeren kann man Cremelotion- und Zahnpastatuben nicht nur auf den Kopf stellen, sondern die Verpackungen auch aufschneiden. Die Spars wundern sich immer wieder, wie viel Inhalt beinahe in den Müll gewandert wäre.

> ERSPARNIS: € 3

Lippenstift

Der teuerste und schönste Lippenstift, den Monika jemals hatte, ist leer. Sie kann ihre Lippen nicht mehr bestreichen, obwohl sich in der Halterung noch ein halber Zentimeter ROT befindet. Monika wirft den Lippenstift nicht in den Müll, sondern holt mit einem Lippenpinsel das Letzte heraus – so lange, bis der Stift tatsächlich entleert ist.

Wattepads

Mein Gott, wie die Zeit vergeht! Monika stellt fest, dass ihre »kleine« Nadine längst in einem Alter ist, in dem sie sich schminkt. Nadine verwendet eine Menge Zeit dafür und leider auch eine Menge Wattebäusche. Monika kauft einen Vorrat Wattepads, weil diese vorteilhafter als Wattebäusche sind. Mit Wasser angefeuchtet, werden Pads *noch* sparsamer im Gebrauch.

Kosmetik-Gutschein

Weihnachten steht vor der Tür, und Dieter möchte endlich wissen, was seine Frau sich von ihm wünscht. Monika weiß es nicht, sie hat doch alles! Aber wie wäre es mit einem Gutschein für Kosmetikbehandlungen – gleich für ein halbes oder ganzes Jahr. Damit würde ihr Dieter ein besonderes und luxuriöses Geschenk machen. Der Preis pro Behandlung verringert sich durch den Kauf des Gutscheines außerdem um je 3 Euro.

> ### ERSPARNIS: € 36

Bodylotion

Regelmäßig leiht sich Monika die Hefte der Stiftung Warentest in der Bücherei aus. Viele Tests belegen, dass man keine Markenprodukte kaufen muss, um Markenqualität zu bekommen. Bodylotion zum Beispiel muss überhaupt nicht teuer sein. Wer mag, kann sie durch ein paar Tropfen Parfüm aufpeppen. In einen Deoroller gefüllt, spart man zusätzlich ein Drittel des Verbrauches an Bodylotion.

Eingetrocknete Wimperntusche

Ist die Wimperntusche eingetrocknet, legt Monika den geschlossenen Stift zwei Minuten in heißes Wasser. Sollte der Mascara-Behälter eines Tages tatsächlich leer sein, eignet sich die Bürste trotzdem noch lange zum Nachdunkeln und Bürsten der Augenbrauen.

Selber föhnen

Im Frisiersalon darf man seine Haare zum Abschluss selbst föhnen. Die Rechnung fällt dann pro Person um 10 Euro niedriger aus. Bei einer Familie von vier Personen im Jahr

ERSPARNIS: € 480

Haarwaschmittel verdünnen

Dieter, Nadine und Marcel waschen sich täglich die Haare. Dass sie dafür nur *einmal* einshampoonieren sollten, hat Monika ihren Lieben längst beigebracht. Dickflüssiges Haarwaschmittel kann man noch verdünnen. Aus einer Flasche macht Monika zwei. Bei nur zwölf Flaschen Shampoo im Jahr

ERSPARNIS: € 25

Kosmetikproben

Bei den vielen Zeitschriften-Probeabos fallen eine Menge herausnehmbare Kosmetikproben an, die Monika sammelt. Wenn Dieter auf Dienstreise oder Nadine ins Schwimmbad geht, dann reichen die kleinen Abfüllungen zum Duschen oder Eincremen meistens aus. Kosmetikproben sparen nicht nur Geld, sondern auch Platz im Gepäck.

Nagellack

Einmal im Jahr ist Firmenball. Zu diesem Ereignis lackiert sich Monika sogar die Fingernägel. Doch häufig ist ihr Nagellack dann durch langes Nichtbenutzen eingetrocknet. Mit ein paar Tropfen Nagellackverdünner (nicht Entferner) bekommt Monika den Lack wieder flüssig und muss so keinen neuen kaufen.

ERSPARNIS: € 5

Duschbad

Vier Personen, die »ständig« duschen … Monika kommt mit dem Kauf von Duschbad gar nicht mehr hinterher. Nadine hat die Idee: mit Wasser verdünnen! Aus einer Flasche mach zwei.

ERSPARNIS: € 25

Gesichtsmaske – kostenlos

Einmal im Monat lässt sich Monika im Kosmetikstudio verwöhnen. Für ihre Treue erhält sie bei jedem zehnten Besuch eine kostenlose Gesichtsmaske.

ERSPARNIS: € 8

Shampoo

Oma Spar ärgert sich über die zu großen Öffnungen in Shampooflaschen, weil dadurch beim Benutzen zu viel von der kostbaren Flüssigkeit herausläuft. Sie füllt den Inhalt in einen Seifenspender um, kann dadurch besser dosieren und kommt mit dem Inhalt dreimal so lange aus.

ERSPARNIS: € 8

Sonnenmilch

Der Sommerurlaub in Dänemark war schön – und verregnet. Eine ganze Flasche Sonnenlotion ist übrig geblieben. Die wirft Monika nicht weg, sondern verbraucht sie im Winter nach dem Duschen als Körperlotion.

ERSPARNIS: € 5

Kinder

Musikunterricht

Erst hat Marcel Blockflöte gespielt, dann Klavier, und jetzt möchte er unbedingt Gitarrist werden. Monika meldet ihren Sohn deswegen nicht gleich an einer Musikschule an, denn dort kostet der Unterricht monatlich zwischen 80 und 100 Euro. Über einen Aushang in der Musikhochschule sucht sie für Marcel einen Studenten, der seine Kasse mit privatem Musikunterricht aufbessert (Stundenhonorar 8 bis 15 Euro).

ERSPARNIS: € 400

Tischtennisbälle

Wenn Marcel mit seinen Freunden Tischtennis spielt, geraten die Bälle schnell aus der Form. Monika taucht sie in heißes Wasser, und schon sind sie wieder rund.

ERSPARNIS: € 10

Eis

Im Sommer bringt Marcel fast jeden Tag einen Schulfreund mit nach Hause, um mit diesem draußen im Garten zu spielen. Auch Frau Ohdes Zwillinge halten sich am liebsten in Spars Garten auf. Bei den Kindern hat sich nämlich herumgesprochen, dass Monika immer eine erfrischende Überraschung bereithält. Sie friert Apfel-, Ananas- oder Orangensaft in Eiswürfelbehälter ein und steckt vor dem Festwerden einen Stiel hinein. Ein solches Eis schmeckt Kindern prima und kostet viel weniger als gekauftes.

ERSPARNIS: € 20

Alte Schminke

Einmal im Jahr sortieren Nadine und Monika Schminke aus, die sie nicht mehr benutzen. Sie geben sie mit in den Hort der Ohde-Zwillinge, damit die Kinder beim Verkleiden noch mehr Spaß haben. (Bitte aufs Haltbarkeitsdatum achten!)

Zettelkasten

In Marcels Klassenzimmer fehlt ein Ablagesystem für diverse Zettel und Materialien. Monika sammelt Cornflakes-Kartons, schneidet auf einer Seite die Ecken schräg ab und beklebt die Kartons neutral oder thematisch passend zu dem, was darin abgelegt werden soll.

Spielzeugverleih

Frau Ohde kann es sich nicht leisten, ihren Zwillingen jedes Spielzeug neu zu kaufen. Bobbycar, Kaufmannsladen und Faschingskostüme leiht sie deshalb gern für eine geringe Gebühr in einem Spielzeugverleih aus. Nach einer Woche muss Frau Ohde die Dinge zurückbringen, aber dann sind die Spielsachen sowieso für die Kleinen meist schon wieder uninteressant geworden.

Kleidung

Marcels gesteppter Anorak ist schon wieder zu klein. Oma Spar schneidet die Ärmel ab und macht ihrem Enkel daraus eine modische Frühjahrs- oder Herbstweste.

> **ERSPARNIS: € 20**

Kassetten für Kinder

Der Bedarf an bespielten Kassetten ist unerschöpflich. Erst war es »Benjamin Blümchen«, dann »Sams«, dann die »Prinzen«, dann »Harry Potter« ... Monika kauft nur noch selten teure bespielte Kassetten. Sie nimmt stattdessen lieber Geschichten und Musik aus dem Radio (z. B. aus dem Kinderhörspielprogramm) auf. Auch un-

ter Marcels Freunden werden rege Überspielungen gemacht und Kassetten getauscht.

Plastikflaschen-Kegel

Niemand der Spars würde es wagen, Wasser oder Cola in Einwegplastikflaschen zu kaufen, denn keiner will es sich mit der umweltbewussten Nadine verscherzen. Fällt doch einmal eine leere Plastikflasche im Haushalt an, wandert diese nicht in den Müll. Marcel füllt die Flasche mit Sand und stellt sich so nach und nach einen kostenlosen Satz Kegel zum Spielen zusammen.

Lange Hosen – kurze Hosen

Die Zwillinge von Frau Ohde wachsen und wachsen … Lange Hosen sind ruckzuck zu kurz, und neue müssen gekauft werden. Die Anschaffung von kurzen Sommerhosen kann sich Frau Ohde jedoch sparen. Zu kurz gewordene lange Hosen schneidet sie ab und näht sie zu kurzen Hosen um.

> ### ERSPARNIS: € 40

Filzstifte

Früher hat Nadine mit ihren »Filzern« pausenlos Prinzessinnen gemalt. Heute malt sie damit die großen Buchstaben auf Schultransparenten aus. Monika kommt mit dem Nachkauf von Filzstiften kaum hinterher. Doch sie kennt einen Trick, wie man die Lebensdauer alter Filzer verlängern kann: hintere Kappe aufschrauben und zwei Tropfen Essig einfüllen. Danach schreiben die Stifte eine ganze Weile wieder wie neu.

Bastelmaterial

Wenn Frau Ohde in den Bastelladen geht, um für ihre Kinder einzukaufen, wird sie eine Menge Geld los. Dabei fallen viele Dinge, die man mit den Kleinen verbasteln könnte, täglich im Haushalt an. Deswegen legt sich Frau Ohde eine Kiste zu, in der sie ab jetzt brauchbare Materialien sammelt: Werbeprospekte, Geschenkpapier, Pappe, Metalldraht, Streichholzschachteln, Papprollen und vieles andere mehr. Wenn es regnet, kann sie mit ihren Kindern immer gleich mit dem Basteln loslegen, weil sie Vorräte zum Basteln im Hause hat.

> ### ERSPARNIS: € 30

Spielzeugkisten

Plastikbausteine, Holzbausteine, jede Menge Matchboxautos … Frau Ohde weiß nicht mehr, wohin mit dem Kleinspielzeug. Sollte sie Plastikkisten zum Einsortieren kaufen? Monika rät ihr, stabile Kartons aus dem Supermarkt zu nehmen (z. B. Bananenkartons mit Deckel und Griffen) und diese rundherum phantasievoll zu gestalten. Dazu eignen sich zum Beispiel Kinderzeichnungen oder auch Geschenkpapier.

> ### ERSPARNIS: € 10

Defektes Spielzeug

Wenn die Zwillinge ein defektes Spielzeug achtlos in der Ecke liegen lassen, räumt Frau Ohde es heimlich weg, repariert es und holt es erst nach einigen Wochen wieder hervor. Die Kinder freuen sich dann, als würde ihnen die Mutter ein neues Spielzeug schenken.

Gratismenü für Kids

Mit den Zwillingen im Restaurant zu essen kann sehr teuer werden. Doch jetzt hat Frau Ohde ein Restaurant entdeckt, in dem Kinder, die kleiner als 120 cm sind, ein Gratismenü bekommen (z. B. im Wienerwald in Hamburg).

Kinderzeichnungen

Als Nadine klein war, hat sie jeden Tag mindestens drei Bilder gezeichnet oder gemalt. Monika hat die schönsten »Gemälde« über

Jahre in einer Mappe gesammelt. Diese Sammlung wird sie ihrer Tochter überreichen, wenn diese erwachsen ist. Übrige Bilder hat Monika aber nicht weggeworfen, sondern benutzt sie als Briefpapier. Verwandte und Freunde finden solche Post sehr persönlich und freuen sich über die Zeichnungen auf der Rückseite von Monikas Briefen.

Kinderpullover

So hat es Oma Spar schon bei ihrem Sohn Dieter gemacht: Kinderpullover und -jacken strickt sie immer von der Armkugel zum Bündchen hin – und nicht, wie sonst üblich, umgekehrt. So lassen sich die Ärmel gestrickter Sachen jederzeit mühelos verlängern.

Schulterpolster für die Knie

Nadine trennt aus ihren Sachen alle Schulterpolster heraus, denn Schulterpolster sind out. Sie schenkt sie der Nachbarin, und Frau Ohde näht die Polster in die Hosen ihrer krabbelnden Zwillinge. So spart sie den Neukauf von kleinen Knieschonern, und die Hosen halten länger.

ERSPARNIS: € 10

Familientag

Die Kinder wollen unbedingt auf den Rummelplatz, doch sie müssen sich noch bis zum »Familientag« gedulden. Einmal in der Woche kostet das Benutzen aller Bahnen und Karussells die Hälfte. Wenn Familie Spar nur zweimal im Jahr zum Rummelplatz gehen würde:

ERSPARNIS: € 50

Applikationen

Wenn Frau Ohde alte Pullis oder T-Shirts ausrangiert, trennt sie vorher die Applikationen ab und benutzt diese zum Beispiel als Flicken auf Löchern von Kinderjeans. Das spart den Kauf teurer Aufnäher aus dem Geschäft.

ERSPARNIS: € 10

Malerkittel

Dieters alte Herrenhemden eignen sich hervorragend als Malerkittel für Nadine und Marcel. Die Kinder sehen darin lustig aus, und Monika braucht keine Angst mehr vor Farbflecken auf den teuren Sachen ihrer »Kleinen« zu haben.

Einladungskarten

Marcel möchte zehn Kinder zu seinem Geburtstag einladen. Nur die Einladungskarten würden schon mehr als 5 Euro kosten. In einer gemütlichen Bastelstunde fertigen Monika und Marcel die Karten selbst an. So kosten die Karten sie fast nichts und sehen außerdem viel origineller aus.

ERSPARNIS: € 5

Tapetenreste und Pappkartons

Wenn die Zwillinge mal so richtig drauflosmalen wollen, dann holt Frau Ohde Tapetenreste aus dem Keller und legt damit draußen (oder auch drinnen) eine Fläche aus. Auf Kinderpartys macht man damit den Kleinen – ohne teures Papier kaufen zu müssen – ebenfalls eine große Freude. Große Pappen oder Kartons aus dem Supermarkt eignen sich genauso gut für großflächiges Malen.

ERSPARNIS: € 5

Tapetenkleister

Beim Tapezieren des neuen Hauses blieb eine Menge Kleister übrig. Diesen hat Dieter in Gläser mit Schraubverschlüssen gefüllt, damit Nadine und Marcel später damit basteln können.

ERSPARNIS: € 5

Babylammfell

Die Zwillinge sitzen in ihrer Karre auf einem teuren Babylammfell. Frau Ohde klagt, weil das Fell ständig schmutzig wird. Monika rät ihr, es nicht in die Reinigung zu geben, sondern selbst schonend mit Haarshampoo zu waschen. Dadurch bleibt das Fell weich, und keinerlei chemische Rückstände gefährden die Kinder. (Das Gleiche gilt auch für Fellschuhe.)

ERSPARNIS: € 10

Secondhand

Frau Ohdes Zwillinge wachsen wahnsinnig schnell aus ihren kaum getragenen Sachen heraus. Frau Ohde verkauft die Kleidung in einem Secondhand-Laden. Für das eingenommene Geld kleidet sie dort ihre Kinder gleich »neu« ein.

Kindernahrung

Im Drogeriemarkt wundert sich Monika immer wieder darüber, warum junge Mütter so viel Geld für Baby-Fertignahrung ausgeben. Es ist doch ganz einfach, selbst welche herzustellen. Man nimmt Gemüse der Saison (am besten aus dem Bioladen), bedeckt es mit Wasser und gart es in wenig Butter im Topf. Danach pürieren und in ausgekochte Gläser füllen. Ist viel preiswerter und schmeckt den Kleinen besser.

ERSPARNIS: € 250

Nachhilfeunterricht

Marcel hat schon wieder eine Sechs im Diktat bekommen ... er braucht unbedingt Nachhilfestunden. Monika organisiert das nicht über einen professionellen Verein, sondern sucht nach einer netten Lehramtsstudentin. Ihr Stundenlohn ist niedriger und sie ist auch flexibler in der Terminplanung.

Kladdepapier

Einseitig beschriebene Blätter bewahrt Monika auf. Die leeren Rückseiten eignen sich hervorragend als Mal-, Bastel- oder Kladdepapier.

Babykleidung

Als Frau Ohde erfuhr, dass sie Zwillinge bekommen wird, geriet sie etwas in Panik. Allein die Grundausstattung für Zwillinge ist sehr teuer. Monika gab ihr den Tipp, eine kostenlose Annonce in einem Anzeigenblatt aufzusetzen und dadurch Kontakt zu Eltern eines etwas älteren Zwillingspärchens zu finden. Dies klappte prima und Frau Ohde kann diesen Eltern Kindersachen abkaufen. Getragene Kleidungsstücke haben den Vorteil, dass sie viel billiger und die meisten Schadstoffe schon aus den Sachen herausgewaschen sind.

Betreute Spielplätze

Wenn Frau Ohde zum Arzt oder zur Behörde gehen muss, nimmt sie ihre Zwillinge ungern mit. In Hamburg z. B. gibt es 38 betreute Spielplätze, auf denen Frau Ohde ihre Kinder für 1 Euro pro Stunde gut aufgehoben weiß. Babysitter kosten beinahe das Zehnfache!

Kinderbücher

Im Buchladen gibt es heute kaum noch ein Kinderbuch unter 10 Euro. Früher, als Monikas Sohn noch kleiner war und sie ihm jeden Abend eine Geschichte vorlas, gab sie sehr viel Geld für Bücher aus. Doch jetzt ist Familie Spar längst Mitglied in der Stadtbücherei. Der Beitrag ist gering und die Auswahl an Kinderliteratur groß.

Finanzen

Kontoauszüge

Bis jetzt ließ sich Dieter die Kontoauszüge immer zuschicken. Doch damit ist jetzt Schluss! Monika findet, dass die Spars die 0,56 Euro Porto pro Auszug wirklich für etwas Besseres verwenden können.

ERSPARNIS: € 30

Weiterbildung

Dieter besucht einen Abendkurs, weil ihn diese Weiterbildung innerbetrieblich weiterbringen kann. Monika fährt ebenfalls zu einem Seminar, weil sie endlich mal wieder raus muss und etwas für den Kopf tun will. Weshalb auch nicht? Kurse für Weiterbildung und Prüfungsgebühren lassen sich steuerlich absetzen.

Daueraufträge

Einmal im Jahr nimmt sich Monika bei einem Glas Wein alle Daueraufträge und Einzugsermächtigungen vor, durch die Monat für Monat das Familienkonto belastet wird. Dann entscheidet sie, ob nicht das eine oder andere Abonnement gekündigt werden kann (zum Beispiel Dieters Fachzeitschrift, denn die neuesten Ausgaben landen sowieso immer ungelesen auf dem Zeitschriftenstapel ...). Und wie sieht es mit dem Fitnessstudio-Vertrag aus? Monika war schon seit Wochen nicht mehr zum Sport ... Durch Reduzierung dieser und ähnlicher Fixkosten kann man mehrere hundert Euro im Jahr einsparen.

Vollkaskoversicherung von der Steuer absetzen

Wovor Dieter immer Angst hatte, ist geschehen: Er hat mit seinem Wagen einen Autounfall selbst verschuldet. Monika ist froh, dass niemand verletzt wurde und Dieter eine Vollkaskoversicherung abgeschlossen hatte. Die Selbstbeteiligung (z. B. 500 Euro) kann man über die Einkommensteuererklärung von der Steuerschuld absetzen.

Hausratversicherung

Die Ohdes haben ihr Haus genauso hoch versichert wie die Spars das ihre. Nur zahlen die Ohdes dafür 130 Euro im Jahr weniger als die Spars. Selbstverständlich wechselt Monika zum nächstmöglichen Termin die Versicherungsgesellschaft.

Lohnsteuerhilfeverein

Ein Jahr ist zu Ende, und der Lohnsteuerjahresausgleich muss gemacht werden. Kein Problem für Monika und Dieter. Sie sind Mitglieder in einem Lohnsteuerhilfeverein (Adressen in den Gelben Seiten). Die Aufnahmegebühr beträgt 80 bis 130 Euro und ist in jedem Fall preisgünstiger als ein Steuerberater.

Zinsloser Kredit

Monika braucht unbedingt eine neue Kücheneinrichtung. Doch diese Anschaffung würde den derzeitigen Finanzrahmen der Familie Spar übersteigen. Dieter weiß, wie er seine Frau dennoch glücklich machen kann: Statt eines teuren Bankkredits nimmt er einen zinslosen Kredit von seinem Arbeitgeber in Anspruch. Bei einer Summe von 3000 Euro:

> ## ERSPARNIS: € 300

Alte Sparbücher

Dieter hält das alte Sparbuch in Ehren, das sein Großvater einst – vor 35 Jahren – für ihn anlegte. Das ist zwar liebenswert, aber auch ein Fehler, denn er hätte es längst auflösen müssen! Bei Sparguthaben ist eine Verjährung möglich – nach 30 Jahren laut BGB.

Bewerbungen – steuerlich absetzbar

Monika hat sich auf einen Halbtagsjob beworben. Absage! Einziger Trost für Monika: Bewerbungskosten sind steuerlich absetzbar. Dazugehörige Fahrten, Verpflegung, Telefonate, Fotos und Unterlagen kann man beim Finanzamt geltend machen.

Geldanlage

Dieter hat zum ersten Mal in seinem Leben eine Summe Geld angelegt und – verloren. Er ist wütend, weil er glaubt, schlechte Anlagetipps bei der Bank bekommen zu haben. Nachbar Ohde rät ihm, zur Verbraucherzentrale oder zu einem Anwalt zu gehen. Bei Falschberatung hat der Kunde Anspruch auf Schadenersatz (Amtsgericht Frankfurt Main AZ 31 C 375 2/94).

Vermögenswirksame Leistungen

Monika ermahnt ihren Mann, in seiner Firma doch endlich einmal nach vermögenswirksamen Leistungen zu fragen. Dieter kann monatlich bis zu 40 Euro zusätzlich zum Gehalt bekommen und nach Abzug der Steuer auf ein Sparkonto der Familie überweisen. Wie lange noch möchte Dieter so viel Geld verschenken?

Versicherungen

Dieter ist ein Sicherheitstyp, am liebsten würde er sogar auf *seine Nase* eine Versicherung abschließen. Monika dagegen meint, dass die Familie für vermeintliche Sicherheit inzwischen viel zu viel Geld bezahlt. Verbraucherzentralen bieten Versicherungs-Checks per Computer an. Für 20 Euro kann sich dort jeder Interessierte seinen persönlichen Bedarf an Versicherungen errechnen lassen.

Kostenvoranschläge

Zum Parkettverlegen hätte Dieter am liebsten den nächstbesten Handwerker beauftragt. Doch Monika bestand darauf, zuerst von mehreren Firmen Kostenvoranschläge einzuholen. Bei größeren

Handwerkeraufträgen kann der Preisunterschied mehrere tausend (!) Euro betragen.

Bankwechsel

Monika wechselt erneut die Bank! Sie hat ein Geldinstitut mit noch günstigeren Kontoführungsgebühren gefunden. Es soll auch Banken geben, bei denen man gar keine Gebühren zahlt ...

ERSPARNIS: € 30

Baufinanzierung

Sich für den Bau des neuen Hauses sehr hoch zu verschulden bereitete den Spars schlaflose Nächte. Dann hatte Dieter jedoch eine gute Idee: Als Arbeitnehmer kann er zur Tilgung eines Bauspardarlehens oder einer Hypothek die Einbeziehung der vermögenswirksamen Leistungen und der zehnprozentigen Arbeitnehmersparzulage vereinbaren. Dadurch können die Spars ihren Kredit erstens schneller zurückzahlen und zweitens den jährlichen Aufwand für die Schuldzinsen verringern.

ERSPARNIS: € 500 +ZINSERSPARNIS

Geldautomaten

Wenn Dieter Geld benötigt, geht er zum nächstbesten Geldautomaten und zieht dort Geld. Dadurch fallen häufig Automatengebühren an! Dabei ist das Geldziehen bei der Hausbank kostenfrei! Jede Automatenauszahlung bei einer anderen Bank kostet zwischen 2 und 3,50 Euro.

Kreditkosten

Frau Ohde klagt, weil sie für das Verlegen eines neuen Daches auf ihr Haus einen Kredit aufnehmen muss. Monika rät ihr, vorher einen Bank-Check zu machen (Verbraucherzentrale). Bei einem 10.000-

Euro-Darlehen kann ein Angebotsvergleich bis zu 1.500 Euro sparen helfen.

Familienurlaub

Nadines beste Freundin ist schon lange nicht mehr verreist, weil die Familie dafür kein Geld erübrigen konnte. Doch dann erfährt sie, dass alle Bundesländer Unterstützung geben, um die Urlaubskassen von Familien aufzubessern. Dabei darf das Einkommen eine bestimmte Höhe nicht übersteigen (bei zwei Kindern ca. 1300 Euro). Informationen gibt es beim Amt für Jugend und Familienerholung.

Beitragszahlungen

Monika behält gern alle Geldgeschäfte selbst in der Hand. So überweist sie zum Beispiel jeden Versicherungsbeitrag monatlich. Doch dann erklärt Dieter ihr, dass das nicht nur unnötig Zeit und viel Papier kostet – sondern auch hohe Bearbeitungsgebühren. Bei jährlicher Überweisung pro Versicherung:

ERSPARNIS: € 15

Gehaltserhöhung

Dieter erhält eine kleine Gehaltserhöhung. Für das Geld lässt er sich vom Arbeitgeber einen Zuschuss zu Marcels Hortplatz geben. Dieters Kollege lässt sich für seine Gehaltserhöhung die Karte für Fahrten mit öffentlichen Verkehrsmitteln zur Arbeitsstelle bezahlen. Auf diese Weise müssen beide die Gehaltserhöhungen nicht versteuern.

Krankenkasse

Dieters Kollege hat die Krankenkasse gewechselt und zahlt jetzt 25 Euro weniger Beitrag im Monat. Auch Dieter lässt sich eine Liste der Krankenkassen, die sich für jeden Bürger geöffnet haben, zuschicken. Er vergleicht Leistungen und Beitragssätze und macht es seinem Kollegen nach. Er wird Mitglied einer besseren und billigeren Kasse. Man kann einmal im Jahr wechseln und später auch jederzeit zu seiner alten Kasse zurück. Fristen beachten!

> ERSPARNIS: € 300

Frankieren

Nadine kann keinem Preisausschreiben widerstehen. Steht auf der Antwortkarte: »Bitte frankieren, *falls* Marke zur Hand«, dann spart sie das Porto. Die Post wird trotzdem bearbeitet und kommt beim Empfänger an.

> ERSPARNIS: € 10

Bewerbungsfotos

Monika hat das Gefühl, dass sie unbedingt wieder heraus muss – aus ihrer Rolle als Hausfrau und Mutter. Sie bewirbt sich um einen Job. Doch die nötigen Bewerbungsfotos sind teuer. Ein schöner Grund, mal wieder ihren alten Bekannten Horst einzuladen, denn der ist Hobbyfotograf und tut Monika gern einen Gefallen ... Dieter jedoch zieht es vor, seine Frau selbst zu fotografieren. Gute Kameras (auch digitale) gibt es für eine geringe Leihgebühr in Fotofachgeschäften.

ERSPARNIS: € 30

Fax

Dieter ist es egal, wann er ein Fax schickt, auf welchem Papier und in welcher Farbe. Doch Monika weiß, die kostengünstigste Zeit ist zwischen zwei und fünf Uhr in der Nacht (Speicherfaxgerät). Außerdem nur schwarze Schrift auf weißem Papier versenden! Das ist billiger als jede andere Möglichkeit.

Für Schreibtischutensilien

Geschmackvolle Keramikbecher oder Gläser, die einen Sprung haben, wirft Monika nicht weg. Diese Gefäße eignen sich als dekorative Aufbewahrungsbehälter für Stifte und Lineale auf den Schreibtischen ihres Mannes oder der Kinder.

Telefonauskunft

Weshalb sollte Dieter endlos im Telefonbuch blättern, wenn er die gewünschte Nummer viel schneller über die Telefonauskunft erhalten kann? Weil jede Telefonauskunft circa 1 Euro kostet! Viel billiger ist da auch das Internet: Auf der Seite www.dastelefonbuch.de kann man bundesweit Telefonnummern recherchieren und zahlt dafür lediglich die Online-Kosten.

> ERSPARNIS: € 10

Ungestempelte Briefmarken

Als Marcel noch Briefmarken sammelte, wurde jede Marke von Postkarten und Umschlägen abgetrennt. Dabei fiel Monika erstmalig auf, wie häufig es vorkommt, dass die Post gar nicht abgestempelt ist. Ungestempelte Marken kann man abtrennen und als Porto wiederbenutzen.

> ERSPARNIS: € 3

Briefpapier aus Kalenderblättern

Viele schöne Naturkalender haben ein A4- oder A5-Format. Die weißen Rückseiten eignen sich hervorragend als Briefpapier und bringen dem Empfänger neben den Zeilen auch nette jahreszeitliche Impressionen ins Haus.

Durchwahlnummern

Wenn Monika etwas telefonisch zu besprechen hat, notiert sie sich grundsätzlich zuerst die Durchwahlnummer ihres Gesprächspartners, denn das immer wieder Erneut-verbunden-Werden kostet sonst zu viele Gebühren. Wenn Monika Beschwerden oder Reklamationen vorzubringen hat, schreibt sie Briefe. Das erspart Zeit und Kosten für aufwendige Diskussionen am Telefon. Monika bekommt außerdem auf einen Brief auch eine schriftliche Antwort, auf die man sich später – z. B. im Streitfall – berufen kann.

Telefonieren im Hotel

Wenn Dieter auf Dienstreisen ist, soll er Monika bitte nicht vom Hotel aus anrufen. In Hotels kostet eine Telefoneinheit mindestens

30 Cent. Monika lässt sich deshalb lieber die jeweilige Nummer ihres Mannes geben.

Alte Ordner

Dieters Ausbildung liegt inzwischen beinahe zwanzig Jahre zurück. Zeit, alte Unterlagen auszusortieren. Doch leere alte Ordner wirft Dieter nicht weg, sondern verwendet sie wieder. Dazu beklebt und beschriftet er die Rücken neu. Bei nur zwanzig Ordnern im Jahr:

ERSPARNIS: € 30

Büroeinrichtung

Frau Ohde träumt davon, eines Tages wieder als freie Übersetzerin zu arbeiten. Auch wenn sie durch ihre Zwillinge im Moment noch nicht dazu kommt, hat sie sich schon ein schönes Arbeitszimmer in ihrem Haus eingerichtet. Die Büromöbel dafür kaufte sie sehr billig – bei einer Geschäftsauflösung. Die Termine für Geschäftsauflösungen stehen in der Tageszeitung.

Kugelschreiberminen

Wenn der Kugelschreiber nicht mehr schreibt, greift Oma Spar nicht gleich zu einer neu gekauften Mine. Sie legt die alte, vermeintlich leere in lauwarmes Wasser. Oma Spar ist jedes Mal wieder verdutzt, wie lange man danach noch mit der Mine schreiben kann.

Alte Briefumschläge

Große Briefumschläge und gefütterte Versandtaschen kosten viel Geld (bis zu 1,50 Euro das Stück). Deshalb hebt Monika alle großen Umschläge, die ins Haus »flattern«, auf. Sie beklebt und beschriftet die Vorderseiten neu und verwendet die Briefumschläge wieder.

ERSPARNIS: € 20

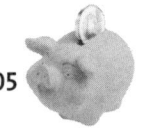

Kartons

Monika hat immer eine kleine Sammlung von Kartons in verschiedenen Größen vorrätig. So muss sie, besonders zur Weihnachtszeit, keine teuren Kartons bei der Post kaufen, wenn sie Pakete verschicken will. Bei nur vier kleinen Päckchen im Jahr:

ERSPARNIS: € 8

Sitzbälle

Dieter klagt immer öfter über Rückenschmerzen und Verspannungen im Nacken. Deshalb will er sich auch für zu Hause einen richtig teuren Bürostuhl kaufen. Seine Krankengymnastin empfiehlt ihm, stattdessen einen Sitzball (bei der Krankenkasse für 15 Euro) zu kaufen. Sieht zwar nicht ganz so schön aus, verhilft aber zu einem beschwerdefreien Sitzen am Schreibtisch.

ERSPARNIS: € 100

0190-Nummern

Nadine und ihre Gewinnspiele ... Doch Telefonaktionen unter den 0190-Nummern sollten tabu sein, bittet Monika. 0190-Nummern sind sehr teuer, und man wird oft minutenlang in einer Warteschleife hängen gelassen. Telefonnummern, die mit 0130 oder 0800 anfangen, sind dagegen kostenlos.

Dies & das

Wohngenossenschaften

Oma Spar wohnt schon seit vielen Jahren glücklich in einer Genossenschaftswohnung. Hier hat sie immer eine günstige Miete, und ihre Genossenschaftsanteile werden verzinst.

Theaterkarten

Wenn Monika und Dieter ins Theater wollen, warten sie mit dem Kartenkauf bis kurz vor Kassenschluss. Dann gibt es oft billige Restkarten für die besten Plätze (manchmal allerdings auch gar keine mehr ...). Mit dem gesparten Geld lassen Monika und Dieter nach der Vorstellung den Abend in einem schönen Restaurant ausklingen.

ERSPARNIS: € 30

Gratis-Möbel

In Nadines Schule soll für die Jugendlichen ein Discokeller eingerichtet werden. Monika hat als Elternrat diesen Beschluss mit durchgesetzt. Doch woher die Möbel nehmen? Die Schule hat kein Geld. Ein Vater erzählt von Recyclinghöfen. Dort gibt es oft gut erhaltene Möbel – auch für zu Hause – gratis. Adressen sind im Telefonbuch zu finden.

Secondhand

Zweimal im Jahr sortiert Monika radikal die Kleiderschränke aus. Alles, was nicht mehr passt oder gefällt, gibt sie nicht in die Altkleidersammlung, sondern in einem Secondhandladen in Kommission. Finden die Sachen dort einen Käufer, erhält Monika 50 Prozent des Verkaufspreises.

ERSPARNIS: € 200

Studentenservice beim Arbeitsamt

Obwohl Frau Ohde nie etwas mit Onkel Bernhard zu tun hatte, ist sie nun diejenige, die seinen Haushalt auflösen soll, und der Vermieter drängt, weil er die Wohnung von Onkel Bernhard schnell wieder vermieten will. Frau Ohde wendet sich hilfesuchend an den Studentenservice des Arbeitsamtes. Dort kann man anrufen, wenn man kurzfristig Hilfe braucht – zum Beispiel beim Entrümpeln, Rasenmähen oder bei anderen Arbeiten.

Altersvorsorge

Auch Monika und Dieter sollten ans Alter denken. 2600 Rentenberater beantworten in Deutschland ehrenamtlich sämtliche Fragen zur Altersvorsorge. Adressen erhält man bei den Krankenkassen, Städten und Gemeinden oder bei der Bundesanstalt für Angestellte in Berlin.

Club-Mitgliedschaften

Eigentlich war Monika dagegen, doch sie konnte ihrem Sohn, als er noch klein war, keine größere Freude bereiten, als Mitglied im Tigerentenclub zu werden. Für einen Beitrag von 9 Euro im Jahr wurde er hier mit Informationen aus der bundesweiten Janosch-Fangemeinde versorgt und bekam auf seine Clubkarte 50 Prozent Ermäßigung beim Eintritt in Vergnügungsparks, Schwimmbäder, Tierparks und zu anderen Veranstaltungen. Inzwischen ist Marcel Lego-Fan und Lego-Club-Mitglied. Clubmitgliedschaften können sich lohnen, wenn man nicht in mehreren Clubs gleichzeitig Mitglied ist. Durch die ermäßigten Eintrittspreise hat Monika den Clubbeitrag durch zwei bis drei Veranstaltungen im Jahr wieder heraus – und Marcel ist glücklich.

Rostlöser

Marcel und Dieter reparieren die Fahrräder der Familie Spar. Einige Schrauben sind eingerostet. Marcel findet seinen Vater absolut »cool«, denn der nimmt statt eines Rostlösemittels etwas Cola und löst dadurch spielend leicht Muttern und Schrauben.

ERSPARNIS: € 2

Cocktails – Happy Hour

Wenn Monika ihren Dieter von der Arbeit abholt, entführt sie ihn gelegentlich in eine Cocktailbar. Sie kennt ein paar Bars, in denen die leckeren Mixgetränke am späten Nachmittag zum halben Preis serviert werden. Klar, dass die beiden dort gern den Feierabend einläuten.

Kostenlose Annoncenblätter

Monika möchte unbedingt eine Hollywoodschaukel für »ihren« Garten. Bevor sie diese Anschaffung in einem Geschäft tätigt, wirft sie einen Blick in ihr kostenloses Annoncenblatt. Dort entdeckt sie zu Spottpreisen Schaukeln, Küchengeräte, Möbel und anderes mehr – aus zweiter Hand. Es gibt sogar eine Rubrik »Zu verschenken«. Auch Monika selbst inseriert manchmal kostenfrei, um ausrangierte Sachen zu verkaufen.

Uni-Mensa

Manchmal lohnt sich das Kochen für eine Person einfach nicht oder macht keinen Spaß. Dann geht Oma Spar in die Mensa der ganz in der Nähe liegenden Universität. Dort können nicht nur Studierende billig essen, sondern auch »normale Leute«. Für einen kleinen Aufpreis wählt Oma Spar zwischen verschiedenen leckeren, sehr preiswerten Gerichten aus.

Flohmarkt

Einmal im Jahr rangiert Familie Spar alles aus, was sie nicht mehr gebrauchen kann: doppelten Hausrat, kitschige Weihnachtsgeschenke von Oma, zu klein gewordene Textilien, die der Secondhandladen nicht verkaufen konnte, Kleinmöbel u. a. Mit diesen Sachen ziehen Monika und Nadine auf den Flohmarkt und wundern sich, wie schnell vieles reißenden Absatz findet. Vom eingenommenen Geld wird dann mit dem Rest der Familie mal so richtig im Restaurant geschlemmt oder ein Wochenendausflug gemacht.

> ERSPARNIS: € 150

Talk-Shows

Monika hat es tatsächlich geschafft, für sich und Dieter kostenlose Zuschauerkarten für ihre Lieblings-Talk-Show zu bekommen. Endlich kann sie den Lieblingsmoderator von ganz nahem sehen – und hoffentlich werden interessante Talk-Gäste eingeladen sein. Frau Ohde ist etwas neidisch und glaubt, Monika hätte Beziehungen zum Fernsehen … Jeder kann sich bei Talk-Shows als Zuschauer bewerben, denn wie würden die Studios ohne Publikum wirken?!

Preiswerte Medikamente

Monika geht schon lange nicht mehr wegen jeder kleinen Erkältung zum Arzt. Der direkte Weg in die Apotheke spart die lange Warterei in der Sprechstunde und die Zuzahlung zu den teuren Markenpräparaten, die der Arzt oft reichlich verschreibt. Da ist es viel billiger, in der Apotheke nach (nicht verschreibungspflichtigen) Alternativen zu fragen: Von den meisten Medikamenten gibt es preiswerte Nachahmer, die dieselbe Menge desselben Wirkstoffs wie das Original enthalten. Auch Naturheilmittel helfen oft und sind vielfach sehr preiswert.

> ERSPARNIS: € 30

Fußball-Dauerkarten

Herr Ohde ist zum Leidwesen seiner Frau Fußballfan. Doch wenigstens spart er Geld, weil er sich nicht jede Eintrittskarte zu den Spielen einzeln kauft, sondern eine Dauerkarte angeschafft hat. Wenn Herr Ohde mal keine Zeit hat, gibt er die Dauerkarte an jemand anderen weiter.

Video statt Kino

Bis in Monikas Stadtteil die neuesten Kinohits gespielt werden, gibt es sie meist in der Videothek schon längst auf Kassette. Warum also nicht gleich einen gemütlichen Videoabend machen? Kostet die Familie ein Zehntel von dem, was der Gang ins Kino kosten würde. Cola und Popcorn müssen trotzdem nicht fehlen.

Punkte im Hotel

Wenn Dieter auf Dienstreise fährt, übernachtet er meistens in den Hotels einer ziemlich teuren Kette. Deswegen ist er Clubmitglied dieser weltweiten Hotelkette geworden. Bei jeder Übernachtung erhält er nun Punkte, die sich später für ihn in besonders günstigen Serviceleistungen auszahlen. So kann er zum Beispiel ein Auto für 25 Prozent weniger Gebühr ausleihen oder bekommt bei einer bestimmten Anzahl von Punkten kostenfreie Übernachtungen. Zusammen mit Monika kann er dann ein schönes Wochenende in einem der noblen Häuser verbringen. Bundestagsabgeordnete sollten bei dieser Art privater Nutzung jedoch Vorsicht walten lassen.

Urlaubsfotos

Wie immer hat Dieter im Urlaub viel zu viele Filme verknipst. Glücklicherweise hat Monika einen Fotodienst entdeckt, bei dem ein kleines Farbbild nur 10 Cent kostet. (Bei vorherigen Entwicklungen waren es pro Bild 20 Cent mehr!) In manchen Geschäften darf man beim Abholen sogar alle Fotos, die nicht gut gelungen sind, aussortieren und muss nicht dafür bezahlen. Bei nur zwei Filmen im Jahr:

ERSPARNIS: € 10

Tennisbälle

Monika legt Tennisbälle in den Backofen und erwärmt diese bei niedriger Temperatur. Weich gewordene Tennisbälle springen nach dieser Prozedur wieder besser.

Bücherei

Kaum ist Dieter zu Hause, läuft die Hi-Fi-Anlage. Sein Bedarf an wechselnden CDs und Kassetten scheint unerschöpflich. Wie gut, dass es die städtischen Büchereien gibt. Dort sucht er sich regelmäßig aus einem großen Angebot von Musiktonträgern etwas für zu Hause aus. Bei nur einer CD, die er monatlich leiht – statt zu kaufen:

ERSPARNIS: € 120

Verpacken beim Umzug

Frau Ohde klagt, dass sie beim Umzug zum Geschirrverpacken Küchenpapier im Wert von 15 Euro verbraucht hat. Monika kann darüber nur lächeln. Sie hat alte Zeitungen als Verpackungsmaterial benutzt. Die kosteten gar nichts …

ERSPARNIS: € 15

Nebenjob

Marktforschungsinstitute schießen wie Pilze aus dem Boden. Monika lässt sich in deren Kartei aufnehmen und wird nun gelegentlich zu netten Gruppengesprächen eingeladen. Bei Kaffee und Schnitt-

chen diskutiert sie dort mit anderen Menschen über Erfahrungen mit einem bestimmten Waschpulver oder darüber, wie ihren Kindern ein ganz bestimmter Schokoriegel schmeckte. Die Gespräche dauern zwischen ein bis drei Stunden und werden pro Person mit 15-50 Euro entlohnt. Die Telefonnummern der Marktforschungsinstitute findet man im Telefonbuch.

Brillenputztücher

Oma Spar gibt kein Geld für Brillenputztücher aus. Sie füllt in einen kleinen, alten Parfümzerstäuber etwas Glasreiniger und sprüht damit ihre Brillengläser ein. Zum Blankputzen nimmt sie einen weichen Lappen.

> **ERSPARNIS: € 15**

Internationaler Studentenausweis

Nadine freut sich schon auf ihre Zeit als Studentin, denn als Erstes wird sie sich dann für 8 Euro einen internationalen Studentenausweis zulegen. Damit kann sie günstig in 90 Länder reisen und bekommt zum Beispiel bis zu 50 Prozent Ermäßigung und gegen Vorlage des Ausweises auch freie Eintritte bei kulturellen Veranstaltungen.

Tauschring

In Monikas Wohngebiet hat sich ein Tauschring gebildet. Monika und Frau Ohde gehören zu den ersten Mitgliedern und tauschen Dienstleistungen zum Nulltarif. Frau Ohde lässt sich zum Beispiel von einem Tauschringmitglied beim Frühjahrsputz helfen, dafür erledigt sie für ein anderes Mitglied kleine Übersetzungen ins Spanische.

Tapetenreste

Nach den Malerarbeiten in ihrem Haus bleiben eine Menge Reste abwaschbarer Tapeten übrig. Die nutzt Monika als Schrankpapier.

Marcel und Nadine können die Tapeten wunderbar als Unterlage für Tuscharbeiten oder Plakatmalerei verwenden.

ERSPARNIS: € 10

Kinotag

Wenn Familie Spar ins Kino geht, ist sie für Eintrittskarten, Popcorn, Eis und Cola schnell einen Fünfziger los. Marcel bekommt heraus, dass an einem bestimmten Tag in der Woche die Karten wesentlich weniger kosten: Kinotag! Klar, dass Familie Spar nur noch an diesem Tag ins Kino geht.

ERSPARNIS: € 40

Schnäppchen im Internet

Hier einige Adressen:

www.ebay.de

www.schnaeppchenjagd.de

www.geizkragen.de

www.nulltarif.de

www.kostenlos.de

www.kostnixx.de

www.booklooker.de

Meine Spartipps

Mein Lieblingsrezept

Mein Basteltipp

Geschenkgutschein

Geschenkgutschein

Mein Bastelshn

Literaturtipps:

Gebert & Gebert: Finde, was das Leben wertvoll macht, Scherz Verlag Bern, München, Wien, 2002

Aldidente – die Kultbücher zum Kultdiscounter, Eichborn, Frankfurt am Main